El Programa de la Escuela Bíblica Católica

LIBRO DE PRIMER AÑO

FUNDAMENTOS DEL ANTIGUO TESTAMENTO: DE GÉNESIS A 2 REYES

CUADERNO DE TRABAJO DEL ESTUDIANTE

COMPILADO POR
Angelo G. Giuliano, Judith A. Hubert, Dorothy Jonaitis y Brian Schmisek

TRADUCIDO POR
Pia Septien y Juan Rendon

PAULIST PRESS
New York / Mahwah, NJ

Reconocimientos
El editor reconoce y agradece por el uso del siguiente material:

Artículos de *Catholic Update* que aparecen en este cuaderno de trabajo, originalmente publicados por St. Anthony Messenger Press, Cincinnati, Ohio, reimpresos con permiso; "El Desierto de Manera Indirecta", por P. Robert Wild, *Word de Poustinia*, Dimension Books, Denville, New Jersy, 1978, reimpresos con permiso; "El génesis de la liberación: Moisés atado y desatado", por Lydia Champagne, CSI, reimpreso de *The Bible Today* (enero de 1981), por la Orden de san Benedicto, Inc., publicado por The Liturgical Press, St. John's Abbey, Collegeville, Minnesota, reimpresos con permiso; "Interpretación Fundamentalista", de *La Interpretación de la Biblia en la Iglesia*, tomada de la página web del Vaticano: www.vatican.va, Libreria Editrice Vaticana (Libreria Editrice Vaticana, 2007), usado con permiso; "Constitución Dogmática sobre la Divina Revelación", de los Documentos del Vaticano II, tomado de la página web del Vaticano: www.vatican.va, Libreria Editrice Vaticana (Libreria Editrice Vaticana, 2007), usado con permiso; "Enterrando nuestros Isaacs", por Mary Catherine Barron, de *Unveiled Faces: Men and Women of the Bible*, la Orden de san Benedicto, Inc., publicado por The Liturgical Press, St. John's Abbey, Collegeville, Minnesota, reimpresos con permiso; "La violencia en Josué y Jueces", por Gina Hens-Piazza, reimpreso de *The Bible Today* (abril de 2001), por la Orden de san Benedicto, Inc., publicado por The Liturgical Press, St. John's Abbey, Collegeville, Minnesota, reimpresos con permiso; "La Experiencia inefable de Elías", por P. Craig Morrison, reimpreso de *The Bible Today* (unio de 2003), por la Orden de san Benedicto, Inc., publicado por The Liturgical Press, St. John's Abbey, Collegeville, Minnesota, reimpresos con permiso.

Un agradecimiento especial para Mary Ingenthron por sus dibujos que se han incluido en este cuaderno de trabajo.

Un agradecimiento especial para el P. Mark Pierce y sus colegas, Mary Ellen Haupert; Bonnie Bauman; Dan y Kathy Goulet; Trevor Hall; Earl Madary; la hermana Margaret Michaud, OSB; y Bill Pritchard de LaCrosse, Wisconsin, Biblical School por sus sugerencias para mejorar este libro.

Citas bíblicas obtenidas de la *Biblia de Jerusalén Latinoamericana en letra grande*, Desclee De Brouwer S.A., Bilbao, España 2000. Usadas con permiso. Todos los derechos reservados".

Diseño de la portada por Sharyn Banks

Diseño del libro por Celine Allen

Nihil Obstat: Rev. Msgr. Glenn D. Gardner
Censor Libiorum
Imprimatur: + Most Reverend Kevin J. Farrell
Bishop of Dallas
5 de junio de 2007

El *Nihil Obstat* y el *Imprimátur* son declaraciones oficiales de que el material revisado se encuentra libre de errores doctrinales y morales. Esto no implica que aquellos que otorgaron el *Nihil Obstat* y el *Imprimátur* estén de acuerdo con los contenidos, opiniones y afirmaciones que se hacen.

ISBN: 978-0-8091-9593-0

Publicado por Paulist Press
997 Macarthur Boulevard
Mahwah, New Jersey 07430
Estados Unidos de América

www.paulistpress.com

Impreso u encuadernado en
los Estados Unidos de América

Dedicatoria

Es con respeto y gratitud que esta versión del *Programa de la Escuela Bíblica Católica de Denver* es dedicado a la hermana Macrina Scott, OSF. Al percibir la necesidad de un programa de estudio bíblico serio, encaminado a formar a los laicos, es que se crea la Escuela Bíblica Católica en 1982. Como fundadora de la escuela y directora por veinte años, la hermana Macrina es una líder en el área de enseñanza bíblica para católicos adultos. Le estamos agradecidos por el maravilloso regalo que ha dado a la Iglesia.

Fue debido a su visión y determinación, que literalmente, a miles de católicos se les han abierto los ojos y el corazón a la Palabra y han crecido su fe y su conocimiento, profundizando así en su relación con Dios a través del estudio de la Escritura. Con la publicación del material de la Escuela Bíblica por Paulist Press en 1993, el sueño de Sister Macrina produjo frutos a lo largo y a lo ancho del país. Esperamos que con esta revisión, ahora llamada *Programa de la Escuela Bíblica Católica*, su sueño siga vivo bien entrado el siglo XXI.

Adicionalmente, no queremos dejar de mencionar a Steve Muller, Ph.D., en el desarrollo del programa original de la Escuela Bíblica. También recordamos a Mary E. Ingenthron, quien ya falleció, por las ilustraciones que adornan este libro.

Índice

LECTURAS COMPLEMENTARIAS

Presentación

Bienvenido al *Programa de la Escuela Bíblica Católica*. En la Iglesia católica, la Sagrada Escritura es frecuentemente llamada "el alma de la teología". El estudio de la Sagrada Escritura alcanzó nuevos niveles entre los católicos después del Concilio Vaticano II. Desde entonces se han originado multitud de programas para cubrir la necesidad. Uno de ellos fue la Escuela Bíblica Católica de Denver que se originó hace más de veinte años. Desde entonces, el programa ha florecido en muchos lugares de los Estados Unidos y aun fuera de sus fronteras. Una de las razones de su éxito es que incorpora los frutos del método histórico crítico, "método indispensable" dentro de la rica tradición de fe de la Iglesia, y la vida de los estudiantes.

Como director de la Escuela para el Ministerio Pastoral de la Universidad de Dallas, me regocijé, primero, cuando pude contratar al Profesor Gene Giuliano, después a la hermana Dorothy Jonatis, y finalmente a la Profesora Angeline Hubert. Cada uno de ellos es un reconocido autor de los materiales "originales" del *Programa de la Escuela Bíblica Católica de Denver* y cada uno de ellos enseñó en la Escuela por algún período de tiempo. Ahora, como parte del cuerpo docente de la Escuela para el Ministerio Pastoral de la Universidad de Dallas, ellos aportan una experiencia sin igual a sus escritos.

En esta revisión hemos incorporado lecciones aprendidas a través de la erudición, de la enseñanza en el salón de clase (en el nuestro y en el de otros), de materiales actualizados, incluyendo la publicación del *Catecismo de la Iglesia Católica* y declaraciones de la Pontificia Comisión Bíblica, y nuestro propio crecimiento espiritual y en la fe. Les presentamos el producto de innumerables horas de conversación, oración y debate académico.

Al utilizar el cuaderno de trabajo, usted se familiarizará con la Biblia. Aprenderá acerca de sus historias, personajes, lugares, temas, promesas y esperanzas. El texto sagrado se encontrará con usted en su situación específica de vida: en sus preocupaciones, inquietudes, angustias, esperanzas, ambiciones y fe. Lo sagrado es algo que nos agota. Nosotros no agotamos a lo sagrado. Una y otra vez nos acercamos como si fuese algo nuevo, así tengamos diecisiete años o setenta y siete años. Le animamos en su recorrido de aprendizaje del texto sagrado, su carácter inspirado y su autor fundamental. Esperemos que encuentre el material del cuaderno de trabajo provechoso, tanto académica como espiritualmente.

Brian Schmisek, Ph.D.
Decano de la Escuela para los Ministerios
Universidad de Dallas

Introducción

¡Bienvenido al viaje del estudio bíblico! Esperamos que su viaje sea grato y estimulante a la vez que un viaje intelectual y espiritual. Leer la Escritura puede ser un camino hacia el centro mismo de su fe. La meta de este camino es el aprender acerca de Dios y la historia de la relación de Dios con nosotros. Antes que nuestra fe cristiana fuese identificada como cristiana, se le llamaba simplemente "el camino". Para los cristianos sigue siendo "el camino", en el cual nos vamos transformando, al ir profundizando en nuestro conocimiento y experiencia de Dios, quien actúa en nosotros. El familiarizarnos con la forma de actuar de Dios, tal y como se nos presentan en la Biblia, nos ayudará a seguir mejor el camino del cristianismo.

La Biblia es el libro de la Iglesia, o mejor dicho, los libros de la Iglesia. La comunidad cristiana existía aun antes de que se escribiera el Nuevo Testamento. La colección o el canon de los escritos que forman la Biblia, es el que la Iglesia, con la guía del Espíritu Santo, ha reconocido como inspirados tanto en su elaboración como en su importancia para nuestras vidas. Como nos lo recuerda el Concilio Vaticano II en su Decreto sobre el Ecumenismo: "[En] la Iglesia, en la cual, según la fe católica, el magisterio auténtico tiene un lugar especial en orden a la exposición y predicación de la palabra escrita" (§21). Por dos mil años la Biblia ha sido la norma y le ha dado forma a nuestra vida cristiana.

Los libros de la Biblia son la norma para la Iglesia, por que contienen de manera extraordinaria la auto-revelación de Dios a nosotros los hombres. La Constitución Dogmática sobre la Divina Revelación, *Dei Verbum*, del Concilio Vaticano II (§11) deja claramente asentado que la originalidad de la Biblia se debe a que la escritura de estos libros fue encomendada bajo la inspiración del Espíritu Santo, teniendo a Dios como autor. Al mismo tiempo, Dios eligió a seres humanos, quienes usando sus dones y habilidades individuales escribieron aquellas cosas que Dios quería que se escribieran. Al aprender a leer la Escritura, usted descubrirá el mensaje de salvación de Dios, expresado a través de muchas voces humanas, luchando por proclamar el misterio de Dios.

Estos libros son formativos, por que el leerlos, le ha dado forma a nuestra respuesta cristiana a la revelación de Dios. Los textos bíblicos nunca han sido únicamente objeto de estudio académico, sino que han sido siempre utilizados por la Iglesia para su teología, liturgia, oración, dirección espiritual y guía moral. Al reflexionar en las Escrituras, la Iglesia ha profundizado su entendimiento del misterio de Dios en la obra de la salvación.

Aunque la Iglesia rara vez ha hablado sobre el como interpretar los versículos de la escritura de manera individual, si ha proporcionado directrices claras y útiles para interpretar la Escritura, para que no malinterpretemos el significado de lo que Dios se proponía comunicar a través de las palabras de un autor humano.

Como miembros de la Iglesia, debemos de aprender a leer la Biblia como la Iglesia quiere que se lea. Nuestro trabajo es el de entender el mensaje bíblico y aplicarlo a nuestras vidas. Aunque no hablamos el mismo idioma o compartimos la misma cultura con los autores bíblicos, nuestra fe está enraizada en el mismo Dios. Creemos que Dios ha estado y sigue estando activo en nuestro mundo buscando nuestra salvación. Al utilizar las versiones bíblicas sobre como Dios ha venido guiando a nuestro mundo hacia la salvación, podemos descubrir a Dios, aquí y ahora, trabajando por la salvación de nuestro mundo.

En el artículo que se presenta a continuación, describimos la forma en como la Iglesia católica aborda la lectura de la Escritura. Al empezar su estudio, le pedimos, que ponga atención de manera particular a este artículo ya que le dará información muy valiosa acerca del proceso que le ha dado forma a la erudición bíblica católica actual.

Le animamos a que aplique la Escritura tanto a su experiencia personal como a la de la comunidad de fe. Usted también debe de examinar cuidadosamente su propia manera de aplicar el texto bíblico. Algunas personas leen la Biblia simplemente para "comprobar el texto", y así poder respaldar su forma particular de ver las cosas. Otros reducen el mensaje de Dios a ideas teológicas y morales abstractas. Usted debe de darse cuenta que esta forma de acercarse a la Escritura es lo que limita el entendimiento del verdadero mensaje de Dios.

Libros para el camino

A diferencia de otros muchos programas de estudio para adultos, en este programa se cubre la Biblia en su totalidad a través de los cuatro años que dura el curso. El enfoque principal de este curso está en el texto de la Biblia y no en libros que tratan sobre la Biblia. Nada puede remplazar el que usted se familiarice con el texto bíblico como el centro o corazón de su estudio. Las lecciones han sido diseñadas de manera que usted lea el texto bíblico de tal forma, que le ayude a entender el modo en que está ordenado, su composición y su relación con otros textos bíblicos.

Por lo tanto, para su camino, debe de tener una buena Biblia. Una buena Biblia de estudio debe de tener la mejor traducción posible y notas elaboradas al pie de la página por eruditos, ya que estas le ayudarán en su lectura. Le animamos que elija su Biblia entre las recomendadas en "Elegir una traducción de la Biblia" #1 en las Lecturas complementarias que se encuentran al final del cuaderno de trabajo.

También les recomendamos un libro que le ayude a iniciar su estudio bíblico. Hay varios libros en el mercado sobre el tema de introducción a la Biblia.

Así como le gusta que una guía de turistas le describa los antecedentes y la historia de los lugares y personas que va a conocer, la misma función la tiene un diccionario bíblico. Este será como su guía turístico de la Biblia.

La ayuda de un atlas bíblico es invaluable, ya que le ayudará a situar en el espacio los lugares que se van estudiando y con los cuales no está familiarizado.

El diccionario y el atlas se usaran durante los cuatro años que dura el programa. Adicionalmente, su estudio de cada uno de los testamentos se vera realzado con otros libros. Todos estos libros le ayudarán a ir formando su biblioteca bíblica personal.

Recorrer el camino

Para su aventura del estudio bíblico, el material semanal será su guía más detallada. Estas tareas le guiarán en la lectura y reflexión del mensaje específico de cada libro. Quizás tenga la tentación de recorrer este camino lo más rápido posible, pero no hay atajos. La Biblia es el libro de libros, y toma un largo tiempo el leerla y comprenderla. Las lecturas semanales dividen el material en partes que resultan fácilmente leíbles. Recuerde que leer el pasaje *bíblico* es siempre lo más importante. Nada puede sustituir la lectura de la Biblia por más material acerca de la Biblia que se lea.

La estructura de cada lección, con sus objetivos, estudio geográfico, términos importantes y trabajo por escrito, es su guía para el *Programa de la Escuela Bíblica Católica*. Cada lección esta estructurada de manera cuidadosa para ayudarle a descubrir los tesoros que están escondidos en la Biblia. No busque las respuestas en libros de comentarios escritos por eruditos o en libros de texto sin antes haber leído el texto bíblico. No hay nada que sustituya el que usted responda a la pregunta después de haber leído la Biblia y haber reflexionado. Sabemos por experiencias anteriores que este estudio le fascinará, lo asombrará y si se deja, provocará en usted muchas preguntas.

Al hacer cada semana el trabajo básico quizás se "despierte" en usted el interés por otros temas. Para cuando el tiempo y el interés lo lleven a querer profundizar más en el estudio, hemos preparado para usted retos opcionales y lecturas adicionales. Este trabajo "extra" realzará la experiencia obtenida en la lección, y si no tiene tiempo ahora, en un futuro quizás pueda regresar a explorar este nuevo material.

Algunas veces en los retos opcionales se propone que exprese lo que ha aprendido de maneara creativa (por medio de una canción, un poema, una dramatización, una caricatura, etcétera). Le animamos a que lo haga de manera personal tan frecuentemente como le sea posible. Alumnos que se han graduado de la Escuela, con gran ingenio, han realizado todo tipo de materiales como sobrecamas, tejidos, líneas del tiempo, árboles genealógicos de personajes bíblicos, parábolas del mundo moderno, dramatizaciones, actuación de historias bíblicas haciendo uso de mímica, etcétera. Al presentar el material en una forma diversa, el conocimiento que adquiere del mensaje bíblico es más profundo, a la vez que aprende nuevas maneras de proclamarlo.

Sugerimos que memorice cada semana un versículo propio de la lección tomado de la *Biblia de Jerusalén Latinoamericana* (BJL). Esto tiene una doble finalidad. Primero, el repetir un versículo de la Biblia ayuda a que las palabras y los pensamientos de la Biblia se conviertan en sus propias palabras y pensamientos. Segundo, los versículos memorizados le pueden ayudar a orar con las Escrituras. Algunas veces el estudio semanal de los textos bíblicos se puede convertir en simplemente una clase más donde se ejercita el intelecto. Al hacer oración con los versículos aprendidos de memoria, usted profundizará en la Escritura y comprenderá que es la Palabra de Dios para usted. El versículo que ha memorizado lo puede repetir a través del día, y así se acordará de la lección y de los modos de aplicar lo aprendido a su vida.

Puede resultar beneficioso el comparar diversas traducciones y así poder observar como los traductores han tratado de transmitir el significado del idioma original. Cuando se aprenda un versículo de memoria, apréndase también de que traducción procede.

Consejos de personas que se han graduado del programa

Cuando se aventura a iniciar un viaje, es conveniente el preguntarle a personas que ya hayan hecho el viaje que consejos le pueden dar. Para lo cual le presentamos reflexiones hechas por personas que se han graduado del programa que quizás le sean útil en su camino.

Quizás el consejo más importante que han dado los graduados es la simple y muchas veces repetida frase: "No teman". El temor paraliza su aprendizaje. Esta comenzando el proceso de aprendizaje, ¡no piense que se tiene que saber todo! Y si no tiene ninguna duda, entonces probablemente no va a aprender mucho.

El leer, reflexionar y hacer su trabajo por escrito cada semana demandará de usted tanto tiempo como energía. Trate, si es posible, de no retrasarse. La tendencia, una vez que uno se ha retrasado, es el hacer el trabajo de manera rápida y por encima simplemente para terminarlo. El antiguo refrán que dice: "Uno cosecha lo que uno siembra" también es valido para los estudios. Poco trabajo da pocos resultados.

Esté abierto a retos inesperados que se originarán cuando lea y estudie cada semana. Como nos lo recuerda el Concilio Vaticano II, la Escritura es diferente a otros textos que leemos por que contiene la auto-revelación de Dios de manera inspirada y sin errores. Al ir trabajando con la Palabra de Dios, la Palabra de Dios va trabajando en nosotros. Nuestras suposiciones, nuestros valores, nuestras actitudes y nuestras acciones pueden llegar a ser cuestionadas al ir descubriendo la forma de actuar de Dios en nuestro mundo.

Tenga en cuenta la cantidad de tiempo disponible a la hora de compartir el trabajo por escrito con su grupo, y reconozca que cada una de las personas del grupo es también, de una u otra manera, su maestro. Todos aprenderán de todos, para lo cual es indispensable poner atención a lo que los demás dicen. Es asombroso como se pueden leer las mismas palabras, pero cada quien las interpreta de modo diferente. En esto consiste la riqueza de compartir en grupos.

No tema compartir aquello que está aprendiendo con su familia y amigos. Ellos sacrifican mucho para que usted encuentre el tiempo para estudiar y asistir a clase cada semana. El compartir con ellos no son solamente sus primeros pasos como ministro de la Palabra de Dios, pero el compartir nuestra herencia bíblica puede hacer, que esta vuelva a ser una vez más el fundamento de la vida religiosa de la familia.

Compañeros para el viaje

Aunque pudiese usar este programa de manera individual y así recorrer su camino a través de la Biblia, este programa le proporciona un reto adicional al utilizarlo dentro de un grupo de estudio. En un viaje, en una peregrinación o en unas vacaciones, gran parte de la diversión se origina en el hecho de que se comparte con otros. El visitar lugares o descubrir nuevos sitios toma toda una dimensión nueva cuando usted tiene la posibilidad de compartirlo con otros.

Al compartir lo que ha aprendido cada semana, le será más provechoso si lo hace con un grupo de peregrinos de la Escritura. Reconozca que cada persona de su grupo es de una u otra manera su maestro. Ponga mucha atención a la profundidad con que algunas personas perciben el significado del pasaje debido a las experiencias de su propia vida. Es asombroso como pueden leer las mismas palabras pero interpretarlas y responder a ellas de manera tan diferente. La perspectiva que tiene cada persona puede complementar a su propia experiencia, a la vez que aumentar la comprensión que usted tiene de las diversas dimensiones de la Escritura.

Los Diez Mandamientos del aprendizaje en grupo

1. Trabaje para establecer confianza y camaradería dentro del grupo.
2. Llegue al corazón del pasaje. No solo toque la superficie.
3. Dele la oportunidad a todos los miembros del grupo de participar ¡No de discursos!
4. Relacione sus comentarios con los de los demás. Trabaje conscientemente y asocie sus ideas con las ya dichas.
5. Mientras una persona está hablando, todos los demás escuchan.
6. Nunca se burle ni menosprecie las respuestas de los otros.
7. Cuando no esté de acuerdo, ofrezca su opinión con respeto.
8. No le tema al silencio.
9. Si no hizo su tarea, no participe en la discusión pero escuche atentamente a otros.
10. ¡Diviértase!

Así que al comenzar su viaje, esté abierto a donde lo quiera llevar el Señor. La Palabra de Dios es un tesoro que nunca se acabará. Es también un reto que puede hacer que cambie su vida. La Palabra de Dios se nos dio para que la conozcamos, la amemos y finalmente para que la vivamos. Bienvenidos al más fascinante y más recompénsate viaje de su vida.

El método católico para interpretar la Biblia

A. Gene Giuliano, Jr.

"Los cristianos deben tener amplio acceso a la Sagrada Escritura".[1] Estas palabras están tomadas de *Dei Verbum* (§23) y expresan el deseo que la Palabra de Dios que se encuentra en el texto sagrado esté disponible para toda la Iglesia y que el pueblo de Dios se familiarice con el mensaje y se nutra de él.

El deseo de los delegados del Concilio Vaticano II se esta haciendo realidad. No es una exageración el decir que ahora más que nunca un mayor número de personas están leyendo la Biblia. Obviamente, esto es bueno. Sin embargo, a menudo una variedad de obstáculos inmoviliza a los posibles lectores de la Biblia y les impide el profundizar en la escritura. Hay barreras que no les permiten hacer el firme compromiso de leer los libros sagrados de manera regular y de estudiarlos a profundidad. Entre aquellos creyentes que se enfrentan a obstáculos hay los que se sienten sobrepasados por la tarea que se les presenta, sintiéndose poco capacitados para hacer frente al reto que les presenta la Palabra de Dios y aquellos, quienes tienen un sincero interés, pero que no saben por donde empezar o que no saben que materiales de estudio utilizar como ayuda. También hay muchos que simplemente tienen miedo. Tienen miedo de no entender el texto bíblico en su totalidad, o, peor aun, temen el no interpretar bien la Palabra de Dios. Temen leer la Palabra, que tan ávidamente quieren entender.

La fuente de este miedo es fácilmente reconocible; es miedo a interpretar. El interpretar es una actividad que se realiza habitualmente. Cada vez que se intenta descifrar cualquier forma de comunicación, se desarrolla es un ejercicio de interpretación. Diariamente las personas utilizan las normas ordinarias de interpretación, las cuales generalmente funcionan. Sin embargo, el tratar de entender escritos que se originaron en otro tiempo, en otro lugar y en otra cultura presenta un reto totalmente diverso. Ayudará el hacer uso del sentido común y el utilizar normas ordinarias de interpretación. Sin embargo, debido a que la Sagrada Escritura contiene muchos elementos que son ajenos para el hombre moderno y sus costumbres, se requiere mucho más empeño por parte del lector moderno. Las palabras de la Biblia pueden ser poco claras, sus reseñas pueden parecer ininteligibles y algunas veces la manera en que presentan a Dios puede parecer ajena a la experiencia que tiene el creyente de Dios. Por lo cual el miedo a interpretar de manera errónea la Palabra de Dios puede producir desaliento, lo cual frecuentemente lleva a que se cierre la Biblia y se regrese a la repisa, donde se cubrirá de polvo y permanecerá sin ser leída.

No tiene nada de novedoso el hecho de que sea difícil entender todo lo que se dice en la Biblia. Hasta los mismos escritores bíblicos admitieron que el entender la escritura no es siempre fácil. En los Hechos de los Apóstoles, por ejemplo, Felipe se encuentra a un eunuco de Etiopia quien está leyendo al profeta Isaías. Felipe le pregunta: "¿Entiende lo que vas leyendo?". El oficial de la corte le respondió: "¿Cómo lo puedo entender si nadie me hace de guía?" (Hechos 8,31a). En otra parte, el autor de 2 Pedro hablando sobre los escritos de san Pablo dice: "Como lo escribió también Pablo, nuestro querido hermano, según la sabiduría que le fue otorgada. Lo escribe también en todas las cartas en las que habla de esto. Aunque hay en aquellas cosas difíciles de entender, que los ignorantes y los débiles interpretan torcidamente, como también las demás Escrituras, para su propia perdición" (2 Pedro 3,15b–16). Si los escritores bíblicos admiten estos obstáculos, imagínese la magnitud de la dificultad para entenderla después de que son miles los años que separan a los lectores de los escritores del texto bíblico.

San Jerónimo, el gran erudito bíblico, entendió la necesidad de tener una buena preparación antes de siquiera interpretar aquello que la Biblia nos dice acerca de Dios y sobre nosotros mismos. Hace más de mil quinientos años él advirtió: "El trabajo en la granja, en la construcción, de carpintería, etcétera requieren de aprendizaje, pero a la hora de interpretar la palabra de Dios, cualquier viejita parlanchina, cualquier viejo cocho, pueden despreocupadamente diseccionarla y explicarla—maestros en su ignorancia".[2] ¿Cómo pueden los católicos que leen las Escrituras sentirse alentados en su empresa y acrecentar la confianza en su habilidad para entender los escritos sagrados? ¿Dónde comienza su preparación? Una respuesta se encuentra volteando a ver a la comunidad eclesial y los siglos que lleva recolectando sabiduría. El voltear la vista a las enseñanzas de la Iglesia, y a los hallazgos que se han obtenido de estudios bíblicos católicos realizados en la época moderna, puede ayudar a aquellos lectores que se encuentren inquietos a sobreponerse a sus miedos y reparos, y a descubrir el significado en las palabras de la Sagrada Escritura.

Para poder apreciar en su totalidad el método católico para la interpretación bíblica, es de mucha ayuda el presentar un bosquejo la desarollo que ha tenido la evolución de la interpretación bíblica católica en el siglo pasado, asentando los movimientos históricos, los concilios de la Iglesia y las encíclicas papales que han dado forma a la perspectiva de la Iglesia.

Los retos iniciales

El final del siglo XIX fue una época amenazadora y demandante para la Iglesia católica. Fue una época en que el valor religioso de la Escritura y la autoridad de la Iglesia estaban siendo retados. Una nueva era despuntó durante los siglos XVII y XVIII. La humanidad estaba iniciando una etapa tanto de entendimiento de las leyes del universo como de su capacidad, prácticamente sin límite, de avances técnicos y del conocimiento. La fe en la ciencia y en la razón estaba reemplazando las fuentes tradicionales de la verdad, incluyendo la Biblia. Las formas tradicionales de pensar estaban siendo cuestionadas. Los valores estaban siendo reexaminados. Nuevas ideas se estaban explorando. La Ilustración se había iniciado, trayendo consigo graves retos para la Iglesia. La manera en que la Iglesia respondió fue crucial en el desarrollo de su actitud hacia el estudio bíblico.

Durante la Ilustración el estudiar de manera racional de la Biblia significaba estudiarla como si fuese cualquier otra obra de literatura. Se hacía énfasis en los elementos humanos excluyendo lo divino. Debido a que la Iglesia católica se oponía a cualquier acercamiento al texto sagrado que pudiese quitarle su contenido sobrenatural, la Iglesia optó por abordar los temas de la Escritura de manera apologética, tradicional y a la defensiva. La Iglesia se volvió a enunciados doctrinales tradicionales y aparentemente, cedió a los protestantes el área de erudición bíblica progresista, quienes enfatizaron que la Biblia es la única fuente de enseñanza religiosa.

Los protestantes intensificaron el uso de los métodos científicos disponibles. El siglo XIX fue testigo de un energético estudio bíblico que produjo muchos libros de comentarios y guías de estudio. Temiendo que el uso de de los métodos científicos devaluaran la importancia espiritual, la Iglesia católica continuó respondiendo a la defensiva. El documento *Dei Filius* ("Hijo de Dios"), promulgado por el Primer Concilio Vaticano (1870), insistió en el carácter divino de la Escritura y negó que el verdadero significado de la Escritura pudiese ser comprendido únicamente por el método científico, fuera de la tradición y de la guía divina de las enseñanzas de la autoridad de la Iglesia. El Concilio Vaticano I reafirmó el decreto del Concilio de Trento (1546) concerniendo la fuente de la revelación divina y ratificó que la Iglesia tiene el derecho exclusivote interpretar la Biblia con autoridad en materia de fe y moral.

Abrir la puerta

En este momento crítico de la historia de la Iglesia, el Papa León XIII tomó tres importantes medidas para abrir la puerta a una nueva era de estudios bíblicos católicos. Primero con la aprobación y el aliento del Papa, el sacerdote dominico P. Marie-Joseph Lagrange fundó de la Escuela Bíblica de Jerusalén (1890). Lagrange declaró que él era leal a la tradición de la Iglesia; sin embargo, habló de manera favorable sobre el uso de manera controlada, de las ciencias seculares para el estudio bíblico. Su propuesta era simple. Al utilizar métodos científicos de manera cuidadosa, la Iglesia católica pudiese reconocer su valía y además podría debatir, de manera seria, los resultados obtenidos por los protestantes al utilizar métodos similares.

Segundo, el 18 de noviembre de 1893, el Papa León XIII publicó *Providentissimus Deus* ("La Providencia de Dios"), que fue la primera declaración seria sobre estudios bíblicos y sobre el lugar de la Biblia en la Iglesia. La encíclica hizo que se moviera la erudición bíblica católica en dirección cautelosa pero positiva, particularmente por la menara en que observaba se podrían utilizar las ciencias modernas para el estudio bíblico y sus afirmaciones sobre la naturaleza de la inspiración y que se encuentra libre de errores.

Como era de esperarse, *Providentissimus Deus* hacía un llamado a poner atención a los peligros que acarreaba el estudiar la Escritura utilizando las ciencias modernas. Sin embargo, una cosa muy importante para el futuro de los estudios bíblicos católicos sucedió, la encíclica reconoció las ventajas y la valía de utilizar de manera adecuada herramientas científicas para el estudio bíblico. Por primera vez en la historia de la Iglesia se hizo énfasis en la importancia de principios sólidos y la ventaja de utilizar las diversas ramas del conocimiento para el estudio de la Escritura, especialmente las ciencias naturales y la historia.

En su descripción sobre la inspiración, *Providentissimus Deus* llamó, por primera vez en las enseñanzas del magisterio, al escritor humano de textos bíblicos "autor". Según la encíclica, Dios movió, animó y asistió a los autores humanos cuando ellos escribieron las cosas que Dios le ordenó. Los autores humanos primeramente entendieron lo que debían de escribir. Después, accedieron fielmente a escribir esas cosas y así los autores humanos expresaron lo que Dios quiso con palabras apropiadas y con verdad infalible.

Hablando sobre el tema de la inerrancia, la encíclica profesó que las Escrituras se encuestaran sin error porque "es imposible que el mismo Dios, Verdad Suprema, diga algo que no es verdad".[3] Sin embargo, el Papa León XIII aclaró que Dios habló a través de autores humanos quienes escribieron de manera que las personas de aquellos tiempos pudiesen entender. Los autores bíblicos humanos utilizaron referencias, palabras y maneras de pensar que resultaban familiares para su auditorio.

Finalmente, *Providentissimus Deus* promovió el estudio y el uso de la Escritura. Hacia un llamado a que profesores debidamente capacitados deberían primeramente de enseñar cursos de introducción sólidos y después entrenar a los estudiantes en métodos acreditados de interpretación. Animaba al estudio de idiomas bíblicos antiguos y apoyaba el que eruditos católicos estudiaran de manera privada pasajes bíblicos considerados difíciles de comprender. También recordaba a aquellos que estudian la Biblia, que el texto sagrado no puede ser interpretado de manera contraria al sentido determinado por la Iglesia o respaldado por el consenso unánime de los primeros Padres de la Iglesia.

La tercera acción importante que tomó el Papa León XIII fue la de establecer la Pontificia Comisión Bíblica en 1903. Como un brazo oficial del Vaticano, este organismo de eruditos bíblicos católicos, fue formado para promover y guiar los estudios bíblicos, regular asuntos de exégesis y conferir títulos en Sagrada Escritura. Inicialmente, la comisión mostró una actitud muy tradicional hacia los nuevos métodos de erudición bíblica.

Sin embargo, el cauteloso acercamiento inicial cambiaría en la segunda mitad del siglo XX.

Cerrar la puerta

Los progresos de la erudición bíblica católica tuvieron una corta vida. Iniciándose el siglo XX la Iglesia se enfrentó a otra crisis, cuyo impacto se dejo sentir por varios años. Esta vez la amenaza venia desde dentro de la Iglesia misma. A principios de los 1900 un grupo conocido como los "modernistas" insistió en reformar a la Iglesia y sus doctrinas para adaptarlas a las necesidades modernas. El modernismo era un movimiento que aceptaba el racionalismo del mundo moderno como un estándar indiscutible. Los teólogos modernistas insistieron que era responsabilidad de la Iglesia el conciliar la fe con las verdades establecidas por los descubrimientos científicos cuando una contradijera a la otra. Aquellos que eran partidarios del movimiento intentaron cambios correspondientes en la doctrina de la Iglesia, en la disciplina de la Iglesia y en la orientación de la erudición bíblica católica. Excluyendo la inspiración divina de la Escritura, propusieron que la Biblia debería de ser estudiada como cualquier otro documento histórico. Afirmaban que la erudición bíblica católica no debería de operar bajo ninguna idea preconcebida acerca de la naturaleza divina de la Biblia y que no deberían de estar subordinados a las enseñanzas de la autoridad de la Iglesia y a la influencia de la sagrada Tradición. De manera general, el objetivo de modernizar a la Iglesia, pudo haber sido legítimo; sin embargo, la manera en que lo abordaron los modernistas fue considerada muy extrema.

El Papa Pío X, sucesor de León XIII, libró una batalla en contra del modernismo y tuvo éxito en abatirla. Durante su papado, la Sagrada Congregación del Santo Oficio emitió el 5 de julio del 1907, el documento *Lamentabili Sane*, que condenaba los errores del modernismo. La reacción de *Lamentabili* al modernismo de la erudición bíblica fue tan fuerte que la puerta a cualquier avance en la erudición bíblica católica se cerró durante la primera mitad del siglo XX. A la vez que es interesante el hacer notar que casi todas las propuestas listadas en el documento han sido invalidadas de manera implícita o explícita al evolucionar la perspectiva de la Iglesia, sin embargo, es verdad que el modernismo había cambiado todo. La corriente positiva iniciada por el Papa León XIII fue frenada de manera total y la erudición bíblica pasó a segundo término, ya que los esfuerzos de la Iglesia estaban enfocados a proteger a los fieles de la herejía.

Los efectos residuales la crisis dejados por el modernismo seguían siendo evidentes cuando, el 15 de septiembre de 1920, el Papa Benedicto XV publicó la encíclica *Spiritus Paraclitus* ("El Espíritu Consolador"). Con esta carta, Benedicto celebró los 15 centenarios de la muerte de san Jerónimo, haciéndole un homenaje a la vida de san Jerónimo y comparando los puntos de vista bíblicos modernos con los de él. *Spiritus Paraclitus* fue un reflejo de las consecuencias dejadas por el difícil período del modernismo, lamentándose que algunos eruditos no observaron las directrices dadas por *Providentissimus Deus* y la tradición de los primeros Padres de la Iglesia. Declaró que los eruditos bíblicos no deberían de usar los principios modernos de erudición con mucha complacencia ya que estos principios son sólidos solamente si se mantienen dentro de unos límites apropiados. La Iglesia se había caído en la cuenta de la potencial utilidad de los métodos científicos para estudiar la Sagrada Escritura; sin embargo, "cuidado" se convirtió en el criterio primordial.

Una nueva era

El término *renacimiento* usualmente se utiliza para dar a entender un tiempo de volver a nacer, revivir, o para designar aquellos eventos que marcan un momento decisivo de la historia. Teniendo esto en cuenta los años transcurridos entre 1943 y 1968 pueden ser descritos como el renacimiento de los estudios bíblicos católicos debido a que en este período se dio un giro decisivo en la historia de la erudición bíblica en la Iglesia católica.

Para conmemorar los cincuenta años de *Providentissimus Deus*, el Papa Pío XII publicó una encíclica histórica llamada *Divino Afflante Spiritu* (Inspirados por el Divino Espíritu) el 30 de septiembre de 1943. Es quizás, con esta encíclica, que inicia el mayor período de renovado interés en la Biblia, que la Iglesia católica ha visto. Cinco décadas después de la publicación de *Providentissimus Deus*, vio la necesidad de confirmar, definir más detalladamente y hasta completar muchas cuestiones que se encontraban en la encíclica de León XIII. Él entendía bien los retos a los que se enfrentaban los eruditos bíblicos y los respaldaba en sus empresas, especialmente en su lucha con problemas bíblicos complejos que permanecían sin ser resueltos. La actitud y el enfoque de Pío XII ayudaron a la creación de un ambiente muy diferente al de la primera mitad del siglo XX, cuando los eruditos bíblicos no se atrevían a aventurarse en las áreas "poco seguras" de la investigación bíblica.

Divino Afflante Spiritu animó a los eruditos bíblicos a llegar a concebir soluciones sobre los retos bíblicos, que estuvieran en total conformidad con la doctrina de la Iglesia, así como en total armonía con las incuestionables conclusiones de las ciencias seculares. La encíclica proporcionó una orientación para aquellos que estudiaban la Sagrada Escritura. Incluía directrices para determinar el sentido de la Escritura, el aprendizaje acerca del contexto de los autores bíblicos, el entendimiento de antiguas idiomas bíblicos, la utilización de los manuscritos bíblicos y el reconocimiento de las formas literarias de la Biblia.

Pío XII se refirió a los dos principales sentidos de la escritura: el sentido literal y el sentido espiritual. Insistió que todos aquellos que estudian la escritura deben de interesarse en descubrir primeramente el sentido literal del texto, esto es, lo que el escritor bíblico intentó expresar. Es solamente entonces cuando los lectores del texto sagrado investigarán su sentido espiritual, teniendo cuidado de evitar el proponer otros sentidos metafóricos como el significado legítimo de las escrituras.

¿Cómo es que uno llega al sentido literal? ¿Es algo que se logra fácilmente? "No", dijo Pío XII. El descubrir el sentido literal requiere de mucho trabajo, incluyendo la habilidad para utilizar los métodos y hallazgos de las ciencias modernas. Los intérpretes de las escrituras deben intentar determinar, cuidadosamente, todo lo más que puedan acerca de los autores sagrados—la época en que vivieron, sus fuentes y las circunstancias particulares que caracterizaron sus vidas y las vidas de las comunidades.

Pío XII dejó muy claro que, para entender el significado del texto sagrado, es mucho mejor estudiarlo en el idioma original que en alguna traducción y que es necesario el obtener el texto bíblico más puro. Afirmó la importancia de restaurar el texto lo más perfectamente posible, purificándolo de las corrupciones, omisiones y errores que pudieron haber llegado a los textos que son copiados de manera repetida a través de muchos siglos.

Quizás la más grande contribución de *Divino Afflante Spiritu* fue su énfasis en reconocer las diversas formas literarias utilizadas por los autores bíblicos. Los intérpretes deben de utilizar las herramientas que están a su disposición para entender, lo mejor posible, los estilos antiguos de escritura que expresan antiguas formas de pensar y de concebir. El Papa Pío XII puso énfasis en la importancia de determinar las formas literarias de la Biblia al escribir que el interprete bíblico "esté persuadido de que esta parte de su oficio no puede desempeñarse sin gran detrimento de la exégesis católica".[4] El reconocer formas literarias le ofrece al erudito una manera inteligente y honesta de hacer frente a los obvios problemas históricos que se presentan en la Biblia. Con anterioridad, muchos libros bíblicos se pensaban que eran históricos en el sentido más estricto. Ahora, se sabe que muchos no son para nada históricos o que la historia es diferente a lo que se entiende por historia en el mundo moderno de occidente.

Viéndolo en retrospectiva, es fácil el sobreestimar o el menospreciar la importancia de *Divino Afflante Spiritu*. La encíclica reflejó lo que un número considerable de eruditos bíblicos venían haciendo ya desde hace algunas décadas. Sin embargo, en la época en que esta carta fue publicada, demostró una actitud hacia la erudición bíblica católica abriéndole las puertas a la libertad y respaldando la investigación bíblica. *Divino Afflante Spiritu* reconoció la importancia de utilizar métodos científicos para el estudio bíblico e hizo del temor a utilizarlos, una cosa del pasado. En general, los eruditos católicos empezaron a abandonar la postura de Roma en cuanto al desarrollo bíblico y la autoría debido a la influencia del movimiento modernista. La erudición bíblica católica había llegado a la mayoría de edad y había sido aceptada totalmente por las autoridades.

Dei Verbum

El 14 de noviembre de 1962 fue presentado un documento sobre las fuentes de la revelación a los delegados del Concilio Vaticano II para su aprobación. Muchos de los padres conciliares no lo aceptaron ya que sentían que no llenaba los estándares establecidos por el Papa Juan XXIII. El Papa había establecido claramente que él había convocado a un concilio a nivel mundial por que quería que la Iglesia se actualizara en las áreas que fuese necesario. Él quería que las declaraciones del concilio reflejaran las necesidades pastorales del mundo moderno y muchos delegados sintieron que el documento sobre las fuentes de la revelación no expresaba de manera adecuada la doctrina de la Iglesia de la edad moderna. El debate continuó por casi una semana antes de que se votara el 20 de noviembre. No hubo los votos necesarios para que se regresara el documento a su comisión para ser revisado. Sin embargo, el Papa reestructuró la comisión y mandó a sus miembros que volvieran a escribir el documento. El 18 de noviembre de 1965 un nuevo documento, con mayor arraigo en las en las Escrituras y en la historia de la Iglesia fue aprobado por 2.344 votos contra 6. Se le nombró la "Constitución Dogmática sobre la Divina Revelación", en latín: *Dei Verbum* ("La Palabra de Dios"). Un documento catalogado como "Constitución Dogmática" comporta las enseñanzas de mayor autoridad de la Iglesia.

Dei Verbum (§21) describe el proceso a seguir para la autentica interpretación bíblica. Confirmando así las disposiciones dadas por *Divino Afflante Spiritu* de buscar en primera instancia el significado literal del texto bíblico, *Dei Verbum* afirma que en la Escritura Dios ha hablado a través de autores humanos de manera humana, por lo cual es necesario "investigar con atención que pretendieron expresar realmente los hagiógrafos y que fue lo que quiso Dios manifestar con las palabras de ellos".[5]

Para poder hacer esto, los intérpretes primeramente deben de "atender a los 'géneros literarios', puesto que la verdad se propone y se expresa ya de maneras diversas en los textos de diverso género histórico, profético, poético o en otras formas de hablar".[6] Los lectores deben de reconocer el contexto literario y no deben de confundir los tipos de literatura. Una interpretación autentica demanda que los diferentes tipos de literatura sean leídos de manera diferente.

En segundo lugar el interprete "investigue el sentido que intentó expresar y expresó el hagiógrafo en cada circunstancia, según la condición de su tiempo y de su cultura, según los géneros literarios usados en su época".[7] Los lectores deben de reconocer que el contexto histórico de lo escrito, interpretando así el texto bíblico, a la luz de las circunstancias vigentes en el tiempo y lugar en que fue compuesto.

En tercer lugar el interprete debe de prestar atención "tanto a las formas nativas de pensar, de hablar o de narrar vigentes en los tiempos de los hagiógrafos, como a las que en aquella época solían usarse en el trato corriente entre los hombres".[8] Los lectores deben de reconocer el contexto cultural del cual brotaron los escritos sagrados, poniendo especial atención a la forma en que la gente pensaba y se comunicaba en aquellos tiempos.

Finalmente, debido a que la colección entera de escritos que componen la Sagrada Escritura fueron escritos por la inspiración del mismísimo Espíritu Santo, "hay que atender no menos diligentemente al contenido y a la unidad de toda la Sagrada Escritura, teniendo en cuenta la Tradición viva de toda la Iglesia y la analogía de la fe".[9] Los lectores deben de considerar lo que el texto bíblico significó para la audiencia original y que es lo que a significado en la Tradición viva de la Iglesia. También los lectores deben de entender que algunas veces los textos bíblicos se encuentran en tensión unos con otros, brindando una variedad de formas de hablar sobre personas, eventos y asuntos.

Por más de un siglo la erudición bíblica moderna ha dependido mucho de un acercamiento con metas similares a aquellas expresadas en *Dei Verbum*. A esta manera de aproximarse se le conoce como el método histórico critico. Su meta es la de situar el texto antiguo en su contexto histórico, describir como el texto alcanzó la forma final, descubrir quien escribió el texto Biblia y descubrir la intención del autor y la audiencia a la que iba dirigido. Para lograr estas metas el método histórico crítico, hace uso del análisis literario, la investigación histórica y los descubrimientos de la ciencia moderna a la hora de estudiar las Sagradas Escrituras.

La Pontificia Comisión Bíblica y la interpretación bíblica católica

Para la segunda mitad del siglo XX la Pontificia Comisión Bíblica se había convertido en una firme defensora de la erudición bíblica científica. Ha publicado documentos (por ejemplo, la carta al cardenal Suhard, la Instrucción sobre la verdad histórica de los Evangelios, el pueblo judío y sus Sagradas Escrituras en la Biblia cristiana)[10] que han demostrado una actitud más progresiva hacia los estudios bíblicos católicos. De hecho, las publicaciones de la Comisión no solo han corregido errores críticos acerca de los estudios bíblicos, también han anticipado principios trascendentes que se encuentran en *Divino Afflante Spiritu* y *Dei Verbum*.

En 1993 la Pontificia Comisión Bíblica publicó *La Interpretación de la Biblia en la Iglesia*, la cual examina y evalúa los métodos modernos de acercamiento a la interpretación bíblica. En su evaluación del método histórico critico la comisión enseña la importancia y utilidad de esta manera de acercarse al texto bíblico, al puntualizar: "El método histórico critico es el método indispensable para el estudio científico del significado de los textos antiguos. La Sagrada Escritura, al ser 'la palabra de Dios en lenguaje humano,' ha sido compuesta por hagiógrafos en todas sus partes y en todas las fuentes de la cual proceden. Debido a esto, el adecuado entendimiento no solamente admite el uso del método, pero de hecho, lo requiere".[11]

Según la Pontificia Comisión Bíblica, las ventajas principales del método histórico critico son las siguientes: enseña que la Biblia es una colección de escritos y no la creación de un solo ser humano, enseña que los escritos bíblicos tienen una larga influencia pre-histórica influenciada por diversas condiciones históricas, distingue una variedad de formas literarias en las cuales los textos fueron compuestos y ha contribuido a la producción de valiosos comentarios y trabajos de teología bíblica.

La comisión reconoce que el método histórico crítico tiene una importante limitación. Debido a que se enfoca en el significado del texto dentro de las circunstancias en que fue producido, puede llegar a descuidar otros posibles significados que se habrán revelado en una etapa posterior de la vida de la Iglesia, impidiendo que el texto hable sobre el presente. A pesar de sus limitaciones, sigue siendo importante que cualquiera que estudie la Sagrada Escritura deba empezar por entender lo más posible acerca del contexto de los escritos bíblicos, la cultura de la cuál emanaron, las formas de pensar y de comunicación en tiempos antiguos y el entendimiento religioso así como el estilo literario de cada autor bíblico.

La Pontificia Comisión Bíblica admite que la erudición bíblica católica no esta limitada a un solo método particular. Los eruditos católicos utilizan varios métodos científicos modernos y enfoques disponibles, como lo hacen muchos eruditos protestantes y judíos. Sin embargo, aquello que diferencia de manera específica al enfoque católico de interpretación bíblica es que siempre se hace de acuerdo con la Tradición viva de la Iglesia. Las Escrituras forman parte de la herencia de fe de la Iglesia por lo cual deberán de ser comprendidas a la luz de la totalidad de la Tradición de fe.

En las conclusiones de *La Interpretación de la Biblia en la Iglesia* la Pontificia Comisión Bíblica habla sobre tres aspectos importantes sobre la interpretación de la Biblia. Primero el mero acto de interpretar es indispensable. Para logra una verdadera comprensión de la Escritura se requiere de dedicarle el tiempo y el estudio necesario para poderla interpretar. Dadas las características de la Biblia, que es a la vez divina y humana, tal grado de atención y preparación son necesarios para poder comprender el significado de las palabras sagradas. En segundo lugar, debido a que el mensaje bíblico se basa en la historia humana y es propuesto en lenguaje humano, se requiere el uso del método histórico critico para así establecer el significado original del texto. Aunque este método tiene sus limitaciones, utiliza un punto de partida muy necesario. En tercer lugar la interpretación bíblica católica siempre tiene como objetivo el de transmitir la Palabra de Dios al pueblo de Dios y el profundizar en la autentica fe cristiana. Por lo cual, el estudio de la Escritura nunca deberá de tener como fin último el estudio por sí mismo. El mensaje del texto sagrado debe ser comprendido siempre dentro del contexto de la vida de la Iglesia y aplicado a las situaciones especificas de las vidas de los miembros de la comunidad de creyentes.

El Programa de la Escuela Bíblica Católica

El Programa de la Escuela Bíblica Católica se basa en los principios de la interpretación bíblica católica descritos anteriormente. Dentro de un formato estructurado el programa va dirigido a las cuestiones que forman parte un estudio serio de la Biblia y está dirigido tanto a la cabeza como al corazón. Los asuntos más académicos (la cabeza) como es el cuestionarse, ¿quién? ¿qué? ¿cuándo? ¿dónde? y ¿por qué? son contestados utilizando el método histórico critico para situar a los libros bíblicos y a sus autores humanos dentro de su contexto histórico, cultural y religioso. Una vez que el significado del texto sagrado ha sido explorado, los estudiantes intentarán aplicar el mensaje bíblico (al corazón) al mundo en el que viven, a la Iglesia en la que practican su fe y a su vida personal.

¿Cómo inicia el creyente católico su jornada con la Palabra de Dios? La jornada empieza al volverse hacia las enseñanzas de la Iglesia y hacia los conocimientos que proporciona la erudición bíblica católica moderna. El siguiente paso es el de comprometerse a estudiar un curso de estudio de la Biblia que se adhiera a los principios de la interpretación bíblica católica—un estudio como *El Programa de la Escuela Bíblica Católica*.

Notas

1. Concilio Vaticano II (1062–1965), Sesión VIII, *Dei Verbum*: Constitución Dogmática sobre la Divina Revelación.
2. Richard T. A. Murphy, *Background to the Bible* (Ann Arbor, MI: Servant Books, 1978), 97.
3. León XIII, *Providentisimus Deus*, §40.
4. Pío XII, *Divino Afflante Spiritu*, §21.
5. *Dei Verbum*, §12.
6. Ibid., 25.
7. Ibid.
8. Ibid.
9. Ibid.
10. Béchard, Dean P., *The Scripture Documents: An Anthology of Official Catholic Teachings* (Collegeville, MN: Liturgical Press, 2002), 187–317.
11. Pontificia Comisión Bíblica, *La Interpretación de la Biblia en la Iglesia* (Ciudad del Vaticano, Libreria Editrice Vaticana, 1993), 35.

A. Gene Giuliano, Jr., es instructor en la Escuela Bíblica Católica de la Escuela para los Ministerios de la Universidad de Dallas. Tiene maestría en Sagrada Teología y una especialización en Sagrada Escritura del St. Thomas Seminary Graduate School de Denver Colorado, EE. UU. Gene tiene una experiencia de 34 años enseñando adultos.

MÓDULO I
Reflexiones sobre los orígenes*

Después de estudiar este módulo usted podrá:

1. Explicar la relación entre la Sagrada Escritura y la divina revelación.
2. Conocer los criterios fundamentales de la formación del canon bíblico.
3. Aprender a trabajar con el texto bíblico, solo o en grupo, utilizando las notas a pie de página, las referencias y diferentes traducciones.
4. Comprender la teología y el estilo literario de los primeros once capítulos de Génesis, haciendo énfasis en los temas de la creación y el pecado.
5. Resumir la historia de nuestros antepasados en la fe, tal cual es narrada en Génesis 12—50.
6. Identificar el entorno geográfico y cultural del *creciente fértil*.

Lecturas

Texto principal: *La Biblia*. Use una buena traducción con citas a pie de página. Para mayor información, lea "Elegir una traducción de la Biblia" #1 en las Lecturas complementarias que se encuentran al final de este libro de trabajo.

Otros textos: Para reforzar los conocimientos y como libros de referencia recomendamos:

Tábet, Miguel Ángel; *Introducción al Antiguo Testamento: Pentateuco y libros históricos* (al cual se le denominará: Tábet)

Holman, *Atlas Bíblico Conciso* (al cual se le denominará: Atlas)

Diccionario Bíblico (al cual se le denominará: Diccionario)

Trabajo por escrito

Cada lección debe ser preparada antes de asistir a la clase para así poder participar en las discusiones del equipo de trabajo. Estudie el texto y las citas a pie de página de cada pasaje bíblico, lea las lecturas asignadas y conteste por escrito el trabajo en una hoja de papel (*no en el cuaderno de trabajo*).

I.1	EL CANON BÍBLICO Y EL CARÁCTER SAGRADO DE LA BIBLIA	
I.2	LA INTEGRIDAD Y LA INTERPRETACIÓN DE LA BIBLIA	
I.3	LAS DOS HISTORIAS DE LA CREACIÓN	Génesis 1—2
I.4	El PARAÍSO PERDIDO	Génesis 3—5
I.5	NOÉ, BABEL	Génesis 6,1—11,26
I.6	ABRAHÁN, LA ALIANZA	Génesis 11,27—17,27
I.7	ABRAHÁN, LOT, ISAAC	Génesis 18—23
I.8	ISAAC, ESAÚ, JACOB	Génesis 24—35
I.9	JOSÉ	Génesis 37—50
I.10	REPASO DEL MÓDULO I	

* Consulte la Guía del maestro, Unidad II (English edition).

I.1
El canon bíblico y el carácter sagrado de la Biblia

Después de haber estudiado esta lección, usted podrá:

1. Explicar la relación entre la Sagrada Escritura (transmisión de la revelación) y la revelación divina (auto-manifestación y auto-comunicación de Dios).
2. Entender que la Escritura (testimonio divino y humano de la revelación) tiene como su principal autor al Dios uno y trino y que la tradición y el magisterio nos ayudan a entender estas verdades.
3. Conocer las propiedades de unidad, verdad, santidad, perennidad e inmutabilidad de los libros sagrados.
4. Reconocer los criterios fundamentales de la formación del canon bíblico, como fue el desarrollo de la historia del canon del Antiguo Testamento y cómo se utilizaba en la Iglesia primitiva.

Lecturas

Constitución Dogmática sobre la Divina Revelación (*Dei Verbum*): Proemio; capítulos I–V (http://www.vatican.va/archive/hist_councils/ii_vatican_council/documents/vat-ii_const_19651118_dei-verbum_sp.html).

Diccionario: Artículos: "Inspiración", "Revelación" (I), "Tradición" (I) y (II), "Canon"

Glosario: Hebreo, arameo

Lectura complementaria #1: "Elegir una traducción de la Biblia"

Términos importantes

Revelación, Tradición, inspiración bíblica, canon, criterios de canonicidad.

Trabajo por escrito

1. Lea *Dei Verbum,* I–II, y responda la siguiente pregunta:
   a. ¿Qué es lo que más le llamó la atención en los primeros dos capítulos?
2. Después de haber leído el capítulo III de la *Dei Verbum* responda la siguiente pregunta:
   a. Explique lo que la Iglesia enseña sobre la inspiración y la verdad de la Sagrada Escritura.
3. La Iglesia, en la Constitución dogmática sobre la Divina Revelación, *Dei Verbum*, expone su enseñanza sobre el Antiguo y Nuevo Testamentos en los capítulos IV y V. Teniendo en mente su lectura de estos capítulos responda a lo siguiente:
   a. ¿Cuál era su opinión sobre el Antiguo Testamento y qué piensa ahora que ha leído el capítulo IV?

b. ¿Cuál era su opinión sobre la historicidad de los Evangelios y cuál es su opinión después de haber leído el capítulo V?

SUGERENCIAS ADICIONALES PARA EL ESTUDIANTE

Lecturas adicionales *Catecismo de la Iglesia Católica* (CIC), §50–67; §74–95; §101–114; §120–127; §128–130.

I.2 La integridad y la interpretación de la Biblia

Después de haber estudiado está lección, usted podrá:

1. Conocer los criterios fundamentales de la formación del canon del Nuevo Testamento y su desarrollo histórico en la Iglesia primitiva.
2. Comprender las decisiones de la Iglesia sobre el canon bíblico antes del Concilio de Trento y la definición dogmática del canon bíblico en el Concilio de Trento.
3. Obtener un conocimiento general de los conceptos más importantes del texto bíblico (tanto del Antiguo Testamento como el Nuevo Testamento), las principales versiones de la Sagrada Escritura y la crítica textual.
4. Obtener un conocimiento general y básico sobre los sentidos bíblicos y los principios de interpretación bíblica (hermenéutica y exégesis).

Lecturas

Constitución Dogmática sobre la Divina Revelación (*Dei Verbum*): Proemio; capítulos I–V (http://www.vatican.va/archive/hist_councils/ii_vatican_council/documents/vat-ii_const_19651118_dei-verbum_sp.html).

Glosario: Crítica histórica, crítica textual, exégesis bíblica, historia de las formas, historia de la redacción, *Sitz im Leben*.

Términos importantes

Exégesis, hermenéutica, historia de la redacción, crítica histórica

Trabajo por escrito

1. Después de haber leído *Dei Verbum,* capítulo 6, escriba tres cosas nuevas que aprendió y cree que es importante recordar para enriquecer su ministerio con la Palabra de Dios.

SUGERENCIAS ADICIONALES PARA EL ESTUDIANTE

Retos opcionales

1. Después de haber analizado la lectura del documento "La interpretación de la Biblia en la Iglesia" responda a las siguientes preguntas:
   a. ¿Por qué la exegesis católica no procura distinguirse por un método científico particular?
   b. Haga un resumen de las observaciones que propone el documento sobre la "interpretación de la tradición bíblica" (Parte III, sección A, #1–3).
   c. Explique lo que el documento dice sobre la "formación del canon" (Parte III, sección B, #1).

Lecturas adicionales

Pontificia Comisión Bíblica, *La interpretación de la Biblia en la Iglesia,* Parte IV, B y C (http://www.mercaba.org/CONGREGACIONES/BIBLICA/interpretacion_biblia_04.htm).

I.3
Las dos historias de la Creación*

Después de haber estudiado esta lección, usted podrá:

1. Explicar el concepto de mito desde una perspectiva bíblica.
2. Comparar los dos distintos relatos de la Creación, la sacerdotal y la yahvista.
3. Reconocer que las historias de la Creación continúan siendo importantes para nuestras vidas.
4. Conocer que a Génesis 1—11 se les llama historia primitiva y que su género literario es el de mito.

Lecturas

Génesis 1—2
Tábet: Páginas 91–108
Diccionario: Artículos: "Lenguaje figurado", "Génesis", "Historia primitiva"
Lectura complementaria #2: "Mitos de la Creación en otras culturas"

Estudio geográfico

Utilizando Génesis 2,10–14 encuentre el lugar en el mapa de la página 8 del Atlas donde el autor se imagina que estaba el jardín en Edén.

Términos importantes

Lenguaje figurado (mitológico), historia primitiva, *Divino Afflante Spiritu*

Trabajo por escrito

1. Responda a las siguientes preguntas:
   a. ¿Cuál fue la intención de los autores bíblicos al escribir Génesis? Haga un resumen con sus propias palabras.
   b. ¿Cuál es la diferencia entre los mitos paganos y la historia bíblica de la Creación?
2. Escoja dos de los mitos de Creación que se encuentran en #2 de sus Lecturas complementarias que se encuentran al final de este libro. Responda, por separado, las siguientes preguntas para cada uno de los mitos que eligió.
   a. Acerca de Dios (¿Dios es______?)
   b. Acerca del ser humano (¿Los seres humanos son______?)
   c. Acerca del mundo (¿El mundo es ______?)
   Tome nota que el mensaje debe de ser una realidad vigente y no la descripción de algo que ya pasó. Asegúrese que los verbos que utiliza estén en el tiempo presente. (Ojo: no vuelva a contar la historia).
3. Utilizando el mismo formato que se uso en la pregunta #2 (a, b, c), responda sobre cada uno de los relatos bíblicos de la Creación:

* Consulte la Guía del maestro, Unidad II.3 (English edition).

a. Génesis 1,1—2,4a (el relato sacerdotal)
b. Génesis 2,4–25 (el relato yahvista)
4. Génesis 1—2 describe un mundo paradisíaco.
a. ¿Qué tipo de mundo es ese?
b. ¿Coincide con la manera en que usted se imagina el paraíso?

Ejercicio Conforme vaya avanzando en el estudio del módulo, elija un versículo para memorizar y sea capaz de escribirlo dando la cita bíblica de una manera adecuada (traducción utilizada y la cita bíblica [libro, capítulo y versículo]). En cada lección se ofrece una sugerencia, pero usted puede escoger algún versículo que le haya llamado la atención.

SUGERENCIAS ADICIONALES PARA EL ESTUDIANTE

Retos opcionales

1. Encuentre un mito sobre la Creación que no haya sido empleado en esta lección.
   a. Responda acerca del mito utilizando el mismo formato que se uso en la pregunta #2 (a, b, c).
   b. Engrape una copia del mito a su hoja de respuestas.
2. Ilustre alguna parte de Génesis 1—2 con un dibujo o un poema.
3. Génesis 1—2 describe un mundo paradisíaco.
   a. ¿Qué tipo de mundo es ese?
   b. ¿Coincide con la manera en que usted se imagina el paraíso?

Sugerencia del versículo a memorizar Vio Dios cuanto había hecho, y todo estaba muy bien (Génesis 1,31; BJL).

Lecturas adicionales *Catecismo de la Iglesia Católica*, §337–338, §356–358.

Tanto el hombre como la mujer; ambos fueron creados a imagen de Dios. Esta imagen y semejanza con Dios, esencial al ser humano, es transmitida a sus descendientes por el hombre y la mujer, como esposos y padres: "Sed fecundos y multiplicaos y henchid la tierra y sometedla" (Génesis 1,28).

—Papa Juan Pablo II, *Mulieris Dignitatem*, 6

Génesis 2,23
"Hueso de mis huesos y carne de mi carne"

Es necesario determinar el sentido correcto de la Escritura, y evitar cualquier interpretación injustificada que la haga decir lo que no pretendía decir. Para poder delimitar el campo de su estudio, los exegetas y los teólogos, deben de estar al día en cuanto a los resultados adquiridos por las ciencias naturales. "La Verdad no puede contradecir a la verdad".

Papa Juan Pablo II, *Discurso a la Pontificia Academia de las Ciencias* (22 de octubre de 1996)

I.4 El paraíso perdido*

Después de haber estudiado esta lección, usted podrá:

1. Conocer el argumento y los personajes principales en el relato de la caída y de la historia de Caín y Abel.
2. Explicar el tema del pecado y su efecto sobre la humanidad.
3. Profundizar en el tema del perdón de Dios.
4. Hacer la conexión entre el mundo en el que vivían los autores y las historias que contaban.

Lecturas

Génesis 3—5
Tábet: Páginas 109–21
Lecturas complementarias: Artículos: #3 "Interpretación fundamentalista" y #4 "Pasajes escogidos de *Dei Verbum*"

Términos importantes

La caída, *Dei Verbum*

Trabajo por escrito

1. Entre otras cosas, estos capítulos expresan el entendimiento que tenían los hebreos sobre la naturaleza humana en cuanto a la tentación y el pecado. ¿Hasta qué punto el panorama presentado en Génesis se le hace algo familiar de acuerdo con su propia experiencia? Sea lo más especifico posible.
2. Responda a las siguientes preguntas:
   a. ¿Cuál es el propósito de la marca que Dios pone sobre Caín? Anote las citas bíblicas.
   b. ¿Qué indica este gesto acerca de la actitud de Dios ante un pecador?
   c. ¿Qué indica este gesto acerca de la actitud que toma el ser humano ante un pecador?
3. Los autores escribieron las historias de Génesis 3—5 en parte para explicar ciertas experiencias de su mundo, tal como los dolores de parto (Génesis 3,16c). ¿Qué otras realidades son tratadas en estas historias? Explique y anote las citas bíblicas.
4. Los eruditos generalmente afirman que Génesis 5 proviene de la fuente sacerdotal (P).
   a. ¿Qué características específicas encontradas en Génesis 5 confirman ese punto de vista?
   b. ¿Qué similitudes encuentra entre Génesis 1,1—2,4a y Génesis 5? Anote las citas bíblicas.

* Consulte la Guía del maestro, Unidad II.4 (English edition).

5. Relate la historia de Génesis 3 desde la perspectiva de Eva. ¿Cómo se habría sentido ella? Sea específico.

SUGERENCIAS ADICIONALES PARA EL ESTUDIANTE

Retos opcionales

1. ¿Qué rasgos comunes encuentra entre el relato de Caín y Abel y la parábola del hijo pródigo que se encuentra en Lucas 15,11–32? ¿Por qué cree existen estos rasgos comunes?
2. Componga una oración o un poema basado en Génesis 3—5.
3. Investigue diferentes formas en las que la historia de Génesis 3 ha sido representada en el arte y en la literatura.
4. Entre otras cosas, estos capítulos expresan la manera como los hebreos comprendían a la naturaleza humana en cuanto a la tentación y el pecado. De acuerdo con su propia experiencia ¿hasta qué punto el panorama presentado en Génesis se le hace algo familiar? Sea lo más especifico posible.

Sugerencia del versículo a memorizar

El día que Dios creó a Adán, lo hizo a imagen de Dios. Lo creó varón y hembra, los bendijo y los llamó "Hombre" en el día de su creación (Génesis 5,1b–2; BJL).

Lecturas adicionales

Catecismo de la Iglesia Católica, §385–421.

Pues, como todo lo que los autores inspirados o hagiógrafos afirman, debe tenerse como afirmado por el Espíritu Santo, hay que confesar que los libros de la Escritura enseñan firmemente, con fidelidad y sin error, la verdad que Dios quiso consignar en las sagradas letras para nuestra salvación.

—Dogmatic Constitution on Divine Revelation (*Dei Verbum*), 11

Génesis 3,1 "La serpiente era el más astuto de todos los animales del campo"

I.5 Noé, Babel*

Después de haber estudiado esta lección, usted podrá:

1. Recordar el esquema básico de las historias del relato del diluvio y de la torre de Babel.
2. Distinguir la presencia de las diferentes fuentes en el relato bíblico de Génesis 6,1—11,26.
3. Entender más profundamente el género literario llamado mito.
4. Localizar en un mapa el monte Ararat.

Lecturas

Génesis 6,1—11,26
Tábet: Páginas 123–38
Diccionario: Artículos: "Torre de Babel (II)"
Lecturas complementarias: #5 "Las dos grandes historias del diluvio en Génesis" y #6 "Auto-examen de mitad del Módulo I"

Estudio geográfico

Utilizando el mapa de las páginas 5, 9 y 24 de su Atlas, encuentre el monte Ararat.

Términos importantes

Épica de Gilgames, torre de Babel, Zigurat, cananeos

Trabajo por escrito

1. Génesis 3—11 es una presentación del pecado humano y del cuidado amoroso de Dios, el cual, produce esperanza a pesar de la maldad que trae consigo el pecado. Haga una lista de cuatro detalles de los relatos que demuestran el cuidado amoroso de Dios (por ejemplo, en 6,18–21 Dios instruye a Noé en como se puede salvar, hasta le recuerda que lleve comida para sí y para los animales en el arca). Anote las citas bíblicas.
2. Muchos eruditos creen que la historia del diluvio en Génesis 6,5—9,29 es la combinación de dos versiones de la misma historia, que dio como resultado el texto bíblico que se tiene ahora. La "Historia de dos grandes diluvios en Génesis", #5 en sus Lecturas complementarias al final del libro, muestra como algunos expertos han analizado las dos fuentes de la historia. Utilizando únicamente la lectura complementaria, describa brevemente y de manera concreta, las diferencias más pronunciadas entre las dos fuentes.
3. ¿Qué importancia o significado tiene la historia de Noe y el diluvio para los cristianos del siglo XXI? Sea específico.
4. La tradición cristiana ha visto, en el relato de Pentecostés en los Hechos de los Apóstoles capitulo 2, la historia contraria al relato de Babel.
   a. Lea cuidadosamente los Hechos de los Apóstoles 2,1–13.

* Consulte la Guía del maestro, Unidad II.5 (English edition).

b. ¿Hay algún indicio de que Lucas pudo haber tenido en la mente la historia de Babel al escribir sobre Pentecostés? Explique.

5. Redacte un mito. Escoja una realidad del mundo actual y responda a la pregunta "¿Cómo llegó esto a ser así?".
   a. Primero anote la realidad del mundo actual sobre la cual usted va a reflexionar.
   b. Cuente una historia de cómo cree usted esta realidad llego a ser lo que es.

Ejercicios

Analice que tanto ha comprendido la información que hasta ahora ha adquirido, tomando el "Auto-examen de mitad del Módulo I", #6 en las Lecturas complementarias que se encuentran al final de este libro.

SUGERENCIAS ADICIONALES PARA EL ESTUDIANTE

Retos opcionales

1. Investigue y escriba un informe sobre el relato del diluvio de la Épica de Gilgames. Compárela (en que se parecen) y contrástela (en que no se parecen) con el relato del diluvio en Génesis. Anote las citas bíblicas.
2. Haga una presentación artística que sea original y creativa (por ejemplo, un poema, una obra de teatro, un dibujo, una canción, etcétera) sobre alguno de los mitos bíblicos que hemos estudiado.
3. Muchos eruditos creen que la historia del diluvio en Génesis 6,5—9,29 es la combinación de dos versiones de la misma historia, que dio como resultado el texto bíblico que se tiene ahora. La lectura "Las dos grandes historias del diluvios en Génesis", #5 en sus Lecturas complementarias al final del libro, muestra como algunos expertos han analizado las dos fuentes de la historia. Utilizando únicamente la lectura complementaria, describa brevemente y de manera concreta, las diferencias más pronunciadas entre las dos fuentes.

Sugerencia del versículo a memorizar

Pues en cuanto esté el arco en las nubes, yo lo veré para recordar la alianza perpetua entre Dios y todo ser vivo, toda la vida que existe sobre la tierra (Génesis 9,16; BJL).

Lecturas adicionales

Catecismo de la Iglesia Católica, §56–58, §71, §845 y §1219.

No importa cuán drástico sea el pecado humano, destruyendo lo que Dios ha creado bueno y llevando al mundo al borde de la descreación, la gracia de Dios nunca falla para rescatar a la humanidad de las consecuencias del pecado. Aún cuando la humanidad responde al empezar de nuevo con el viejo patrón del pecado, la entrega de Dios al mundo se mantiene firme, y la humanidad pecadora experimenta el favor de Dios igual que su justicia.
—David Clines, *El tema del Pentateuco*, página 76

Génesis 8,11 "La paloma regresó"

I.6
Abrahán, la alianza*

Después de haber estudiado esta lección, usted podrá:

1. Localizar las paradas principales que realizó Abrahán durante su viaje.
2. Estar familiarizado con: la llamada, la alianza y la promesa hecha a Abrahán.
3. Identificar a Abrahán, Sara, Agar, Lot y Melquisedec.
4. Reconocer que Abrahán y Sara son personas de fe.

Lecturas

Génesis 11,27—17,27
Tábet: Páginas 144–54
Diccionario: Artículos: "Abrahán", "Circuncisión", "Alianza" (A) (C) (D) (F)

Términos importantes

Circuncisión, alianza, fe, tradición oral, saga

Trabajo por escrito

1. Responda a las siguientes preguntas:
   a. ¿Cómo respondió Abrahán al llamado de Dios en Génesis 12,1–6? Anote las citas bíblicas.
   b. ¿En qué se parece la llamada de Abrahán a la llamada de Moisés en Éxodo 3? ¿Cómo son diferentes? Anote las citas bíblicas.
   c. Al responder a la llamada de Dios, ¿a quién se parece usted más, a Abrahán o a Moisés? Explique su respuesta.
2. En Génesis 14 Abrahán se encuentra con Melquisedec.
   a. Utilizando referencias bíblicas, notas a pie de página y el diccionario, localice otras citas bíblicas que hablen de Melquisedec tanto en el Antiguo como en el Nuevo Testamento.
   b. ¿Qué importancia adicional le da el autor de la Epístola a los Hebreos a Melquisedec?
   c. Hoy en día, ¿en cuales sacramentos la Iglesia nombra a Melquisedec?
3. Algunos eruditos piensan que Génesis 15 pertenece a la fuente yahvista y Génesis 17 pertenece a la fuente sacerdotal.
   a. ¿Cuáles son las semejanzas y las diferencias entre las dos fórmulas de la alianza de Dios con Abrahán? Anote las citas bíblicas.
   b. ¿En cuál de las dos versiones se declara que Abrahán es justo? Anote la cita bíblica.
4. ¿Qué cree usted fue lo que motivo a Sara actuar de la manera que actuó en Génesis 16? Explique.
5. Lea la Epístola a los Romanos 4. ¿Qué elementos de la historia de Abrahán utilizó Pablo para llegar a sus propias conclusiones? Anote las citas bíblicas.

* Consulte la Guía del maestro, Unidad II.6 (English edition).

SUGERENCIAS ADICIONALES PARA EL ESTUDIANTE

Retos opcionales

1. Responda a las siguientes preguntas:
   a. ¿Qué nombres se le dan a Dios en Génesis 11,27—17,27? Anote las citas bíblicas.
   b. ¿Quién utiliza esos nombres? Anote las citas bíblicas.
   c. ¿Por qué cree que existe esa variedad de nombres?
2. Prepare una oración utilizando algún pasaje del Génesis, Éxodo o Deuteronomio para alguna de las siguientes ocasiones: cumpleaños de un niño, cumpleaños de un adulto, Día de Acción de Gracias, una fiesta de jubilación, una reunión en el cuarto de alguien enfermo, una junta del consejo parroquial o una graduación.
3. ¿Qué piensa usted que motivo a Sara actuar como lo hizo en Génesis 16? Explique.

Sugerencia del versículo a memorizar

De ti haré una nación grande y te bendeciré. Engrandeceré tu nombre, y sé tú una bendición (Génesis 12,2; BJL).

Lecturas adicionales

Catecismo de la Iglesia Católica, §59–61, §144–47.

¡Y fue precisamente porque no sabía donde iba, que Abrahán supo que estaba por el buen camino!

—San Gregorio de Nisa

Génesis 12,4 "Marchó, pues, Abrahán, como se lo había dicho Yahvé"

I.7
Abrahán, Lot, Isaac*

Después de haber estudiado esta lección, usted podrá:

1. Describir los eventos más importantes sucedidos en Génesis 18—23.
2. Ser capaz de identificar a Isaac, Ismael, Lot y su familia, los tres huéspedes de Abrahán.
3. Describir que sucedió en los siguientes lugares: Sodoma, Gomorra, Soar, Hebrón, Salem (Jerusalén), Berseba y en el monte Moria.

Lecturas

Génesis 18—23
Lectura complementaria #7: "Enterrar a nuestros Isaacs"

Estudio geográfico

Utilizando el mapa de las páginas 9 y 10 de su Atlas, localice los siguientes lugares: Sodoma, Gomorra, Soar, Hebrón, Salem (Jerusalén) y Beerseba. Asegúrese de saber que eventos narrados en Génesis 18—23 sucedieron ahí.

Términos importantes

Patriarcas, matriarcas

Trabajo por escrito

1. Dibuje un diagrama enseñando el parentesco entre Téraj, Abrahán, Harán, Sara, Agar, Ismael, Isaac, Lot y sus hijas, los moabitas y los amonitas. Utilice Génesis 11—23 para responder a esta pregunta.
2. Se ha dicho que los temas importantes de los capítulos 18 y 19 son la hospitalidad y la poca hospitalidad. ¿Qué ejemplos de hospitalidad y de poca hospitalidad encuentra en estos capítulos de Génesis? Anote las citas bíblicas.
3. Lea Hebreos 11,8–19. ¿Qué creencia atribuye el autor a Abrahán que no aparece en Génesis? Anote la cita bíblica específica.
4. ¿Qué significado tiene para usted la historia del sacrificio de Isaac? Explique.
5. Ahora que ya ha leído en su totalidad las historias de Abrahán y Sara,
   a. ¿Qué tres eventos de cualquiera de sus vidas considera que son más importantes para usted?
   b. ¿Por qué?
6. Explique qué cree usted cree que Agar pensaba y sentía referente a Dios, Abrahán, Sara e Isaac. Anote las citas bíblicas cuando sea posible.

* Consulte la Guía del maestro, Unidad II.7 (English edition).

SUGERENCIAS ADICIONALES PARA EL ESTUDIANTE

Retos opcionales

1. Componga una oración que Abrahán pudiese haber orado o una carta que pudiese haber escrito a su hermano Najor. Especifique en que momento en su vida la hubiese escrito.
2. Encuentre el icono de la Santísima Trinidad hecho por Andrei Rublev (1370–1430 d.C.).
   a. ¿Cómo interpreta Rublev Génesis 18,1–15?
   b. ¿De qué manera encuentra esta interpretación significativa? Explique.
3. En Lucas 17,32 Jesús les dice a sus discípulos: "Acuérdense de la mujer de Lot". ¿Qué mensaje puede tener para nosotros hoy en día la historia de la mujer de Lot?

Sugerencia del versículo a memorizar

Toma a tu hijo único, el que tanto amas, a Isaac; vete al país de Moria, y ofrécelo allí en holocausto en uno de los montes, el que yo te diga (Génesis 22,2; BJL).

Lecturas adicionales

Catecismo de la Iglesia Católica, §145–146, §276, §1819 y §2571.

Génesis 18,2 "Vio que había tres individuos parados a su lado".

I.8
Isaac, Esaú, Jacob*

Después de haber estudiado esta lección, usted podrá:

1. Describir los eventos más importantes sucedidos en Génesis 24—35: la boda de Isaac y Rebeca, la rivalidad entre Esaú y Jacob, el sueño de Jacob en Betel, la experiencia de Jacob en Penuel/Peniel cuando luchó con "un hombre" (Dios).
2. Ser capaz de identificar a Isaac, Rebeca, Labán, Esaú/Edom, Jacob/Israel, Raquel y Lía.
3. Localizar en el mapa Penuel/Peniel, Siquén y Betel.

Lecturas

Génesis 24—35
Tábet: Páginas 155–64
Diccionario: Artículos: "Pentateuco" (I) (II)

Estudio geográfico

Utilizando el mapa de la página 16 de su Atlas, localice los siguientes lugares: Penuel (una variante de Peniel), Siquén y Betel.

Términos importantes

Las doce tribus de Israel

Trabajo por escrito

1. Basándose en la lectura de Génesis 24:
   a. ¿Por qué cree usted que Abrahán se niega de manera categórica que vuelva Isaac a Jarán? Anote las citas bíblicas.
   b. La actitud de Abrahán, ¿qué mensaje puede tener para usted?
2. Responda a las siguientes preguntas:
   a. ¿Qué tribu, descendiente de Abrahán y Queturá, jugará más tarde un papel en el éxodo? (Recuerde que los nombres que aparentan referirse a individuos a menudo se refieren a tribus o naciones).
   b. ¿Qué personajes importantes del Libro del Éxodo proceden de esta tribu?
3. Abrahán es recordado más que nada por su fe. Desde su punto de vista, ¿qué característica de Jacob es la que resalta más? Anote las citas bíblicas que respaldan su elección.
4. Escoja una de las dos: (a) o (b). Basándose en Génesis 32,23–33. ¿Cómo es posible experimentar la lucha de Jacob con "un hombre" (Dios)? en:
   a. La historia de la nación de Israel, tanto en el pasado como en el presente.
   b. En la realidad de su propia vida.

---

* Consulte la Guía del maestro, Unidad II.8 (English edition).

5. Haga una lista de los hechos acontecidos en Génesis 12—35 que sucedieron en los siguientes lugares: Siquén, Betel, Hebrón/Mambré, Berseba y Penuel. Anote las citas bíblicas para cada lugar. Utilice el diccionario como apoyo.
6. Utilizando Génesis 35,23–26, dibuje un árbol genealógico de las doce tribus de Israel, incluya los nombres de las mamás.

SUGERENCIAS ADICIONALES PARA EL ESTUDIANTE

Retos opcionales

Escriba un ensayo sobre el papel de la mujer durante la época de los Patriarcas basado en el material de Génesis 12—35. Asegúrese de dar ejemplos específicos con capítulo y versículo para apoyar sus conclusiones.

Sugerencia del versículo a memorizar

Dijo el otro: "¿Cuál es tu nombre?—"Jacob"— "En adelante no te llamarás Jacob, sino Israel, porque has luchado con Dios y con los hombres, y has vencido" (Génesis 32,28; BJL).

Lecturas adicionales

Catecismo de la Iglesia Católica, §61.

A cada instante estos patriarcas, quienes serán los padres de una gran nación que heredará la tierra de Canaán, son amenazados por dificultades en las que parecería ser imposible que Dios mantuviese su palabra. Y a través de cada historia en el Génesis, es esta palabra de Dios, la que forma el fondo dramático de la narrativa.

—Paul J. y Elizabeth Achtemeier
Las raíces de nuestra fe en el Antiguo Testamento

Génesis 32,24 "Estuvo luchando alguien con él hasta rayar el alba".

I.9
José*

Después de haber estudiado esta lección, usted podrá:

1. Conocer el argumento básico de la historia de José.
2. Reconocer el género literario y la unidad del relato de José.
3. Identificar lo siguiente: José, Jacob, Judá, Tamar y Gosén.
4. Localizar en el mapa Gosén.

Lecturas

Génesis 37—50
Tábet: Páginas 165–77
Diccionario: "José" (I) y "Sueños", "Versiones de la Biblia" (I) (IV)

Estudio geográfico

Utilizando el mapa de las páginas 11 y 12 de su Atlas, localice Gosén.

Términos importantes

Texto Masorético, Septuaginta (LXX, la de los Setenta), Vulgata

Trabajo por escrito

1. Responda a las siguientes preguntas:
   a. Los sueños juegan un papel importante en la narrativa sobre José. Haga una lista de las personas que tuvieron sueños, y describa brevemente el significado de cada sueño.
   b. Haga una lista de tres pasajes de las escrituras (diferente a los que se están estudiando en esta lección) donde Dios, o uno de sus ángeles, haya hablado con alguien a través de un sueño. Anote la cita bíblica para cada pasaje. De ser necesario utilice el diccionario.
2. Un tema importante en la narrativa sobre José es la providencia de Dios.
   a. ¿Cuál es su definición de providencia?
   b. ¿Ha tenido alguna experiencia que parece ser providencial? Explique.
3. Lea Mateo 1,3 y Génesis 38. ¿Por qué cree usted que el evangelista incluyó a Tamar en su lista de los antepasados de Jesús?
4. Escoja un suceso de la historia de José que le parezca importante. ¿Qué relevancia tiene este suceso hoy en día?

Todo lo que se acerca del mañana, es que la Providencia saldrá como el sol.

—Henri Dominique LaCordaire

---

* Consulte la Guía del maestro, Unidad II.9 (English edition).

SUGERENCIAS ADICIONALES PARA EL ESTUDIANTE

Retos opcionales

1. Se cree que Egipto estaba siendo gobernado por los hicsos cuando los israelitas llegaron a Egipto. Investigue y escriba un informe sobre los hicsos.
2. Los pueblos antiguos creían que la "bendición en el lecho de muerte" de un padre tenía la eficacia de la bendición misma, o si fuese el caso, la maldición era irrevocable y poseía un poder que determinaba el carácter y destino de quien la recibía.
    a. El poema en Génesis 49 es la bendición/maldición del lecho de muerte para Israel.
    b. Dé una interpretación de cada de los once oráculos que tratan sobre las doce tribus de Israel. (Un comentario de la Biblia le será útil).

Sugerencia del versículo a memorizar

Yo soy Dios, el Dios de tu padre; no tengas miedo de bajar a Egipto, porque allí haré de ti una gran nación (Génesis 46,3; BJL).

Lecturas adicionales

Catecismo de la Iglesia Católica, §269.

Este narrador (de la historia de José) presta atención a los métodos misteriosos de la providencia de Dios. Las intenciones de Dios no se realizan aquí de manera brusca o entrometiéndose, más bien utiliza los métodos del mundo, que parecen naturales e ininterrumpidos. No hay una petición de fe o de una respuesta, porque el punto más importante es que Dios está obrando, a pesar de las actitudes o acciones humanas.

—Walter Brueggemann, *Génesis*

Génesis 45,3 "Yo soy José".

I.10
Repaso del Módulo I*

Los estudiantes se responsabilizaran de:

1. Saberse de memoria un versículo que se haya estudiado en el módulo, nombrando la traducción y la cita.
2. Identificar las siguientes personas, lugares, eventos, términos:

PERSONAS	**LUGARES** *(Será capaz de identificarlos así como de localizarlos en un mapa).*	**TÉRMINOS**
Adán	Ur	Babel
Eva	Jarán	Circuncisión
Cain	Canán	*Dei Verbum*
Abel	Egipto	*Divino Afflante Spiritu*
Teráj	Sodoma	Doce tribus de Israel
Abran/Abrahán	Gomorra	Edén
Lot	Soar	Épica de Gilgames
Sarai/Sara	Salem/Jerusalén	Epopeya
Melquisedec	Hebrón/Mambré	Historia primitiva
Agar	Betel	La caída
Ismael	Penuel/Peniel	Matriarcas
Isaac	Siquén	Mito
Abimeléc	Gosén	Monte Ararát
Labán		Patriarcas
Rebeca		Saga
Queturá		Septuaginta
Esaú/Edom		Texto Masorético
Jacob/Israel		Torre de Babel
Lía		Tradición oral

* Consulte la Guía del maestro, Unidad II.10 (English edition).

MÓDULO II
La experiencia del éxodo*

Después de estudiar este módulo usted podrá:

1. Aprender a trabajar con el texto bíblico, solo o en grupo, utilizando las notas a pie de página, las referencias y diferentes traducciones.
2. Explicar los conceptos bíblicos de: liberación, alianza, pueblo de Dios y ley.
3. Reconocer a Moisés y a María como sus antepasados en la fe.
4. Explicar el proceso por medio del cual el Libro del Éxodo (y otros libros bíblicos) se fueron formando y comenzar a distinguir las fuentes sacerdotales de las no-sacerdotales.

Lecturas

Texto principal: *La Biblia*. Use una buena traducción con citas a pie de página. Para mayor información, lea "Elegir una traducción de la Biblia", #1 en las Lecturas complementarias que se encuentran al final de este libro de trabajo.

Otros textos: Para reforzar los conocimientos y como libros de referencia recomendamos:

Tábet, Miguel Ángel; *Introducción al Antiguo Testamento: Pentateuco y libros históricos* (al cual se le denominará: Tábet)

Holman, *Atlas Bíblico Conciso* (al cual se le denominará: Atlas)

Diccionario Bíblico (al cual se le denominará: Diccionario)

Trabajo por escrito

Cada lección debe ser preparada antes de asistir a la clase para así poder participar en las discusiones del equipo de trabajo. Estudie el texto y las citas a pie de página de cada pasaje bíblico, lea las lecturas asignadas y conteste por escrito el trabajo en una hoja de papel (*no en el cuaderno de trabajo*).

II.1	EL LLAMADO DE MOISÉS	Éxodo 1—6
II.2	LAS PLAGAS Y LA PASCUA JUDÍA	Éxodo 7,1—13,16
II.3	EL ÉXODO Y EL DESIERTO	Éxodo 13,17—15,27; 16–18
II.4	EL SINAÍ	Éxodo 19—24
II.5	EL ARCA DE LA ALIANZA	Éxodo 25—31; 40
II.6	EL BECERRO DE ORO Y LA TORÁ (LA LEY)	Éxodo 32—34, Levítico 12—14; 16—19; 23
II.7	CUARENTA AÑOS DEAMBULANDO	Números 6,9—14; 16—17; 20—24
II.8	UN NUEVO ENFOQUE DE LA ALIANZA	Deuteronomio 1; 4—11
II.9	EL ÚLTIMO SERMÓN DE MOISÉS Y SU MUERTE	Deuteronomio 29—34
II.10	REPASO DEL MÓDULO II	

* Consulte la Guía del maestro, Unidad I (English edition).

II.1
El llamado de Moisés*

Después de haber estudiado esta lección, usted podrá:

1. Identificar a los siguientes personajes: Moisés, María, Aarón, el Faraón, la hija del Faraón, Yoquébed, Amrán, Séfora, Jetró, Sifrá, Puá y los hicsos.
2. Conocer el esquema básico de la historia de la opresión de Israel y del llamado de Moisés.
3. Identificar los cinco libros del Pentateuco/Torá.
4. Localizar Egipto y Madián en un mapa.

Lecturas

Éxodo 1—6
Tábet: Páginas 181–93
Diccionario: Artículos: "Libro del Éxodo", "Hicsos", "Moisés"

Estudio geográfico

Utilizando los mapas en las páginas 5 y 12 del Atlas localice Egipto y Madián. ¿Cómo se le llama a Madián hoy en día?

Términos importantes

Pentateuco, el llamado de Moisés

Trabajo por escrito

1. Responda a las siguientes preguntas:
   a. ¿Por qué el Faraón esclavizaba a los hebreos? Anote la cita bíblica.
   b. ¿Por qué cree usted que él dejó vivir a las niñas mientras que mandó matar a los niños?
   c. Esta opresión del Faraón hacia los israelitas, ¿le ha ayudado a usted a entender mejor, y de manera más profunda, las persecuciones de las que han sido objeto las minorías a través de la historia?
2. Según Génesis 25,1–2, ¿de quién descienden los madianitas?
3. Dibuje un árbol genealógico en el que se muestre a los padres de Moisés, su hermano, su hermana, su esposa, su suegro, y sus hijos (su segundo hijo es mencionado en Éxodo 18,4). ¿A qué tribu perteneció Moisés?
4. Responda a las siguientes preguntas:
   a. ¿Cómo respondió Moisés al llamado de Yahvé? Anote la cita bíblica.
   b. ¿Ha experimentado usted alguna vez un "llamado" en su vida? Describa la experiencia.
5. Responda a las siguientes preguntas:
   a. Describa los problemas a los que se enfrentó Moisés al liberar a los israelitas. Anote la cita bíblica.
   b. ¿De qué manera son semejantes estos problemas a los que se enfrentan hoy en día los que luchan por la justicia y la libertad?

* Consulte la Guía del maestro, Unidad I.1 (English edition).

6. Responda a las siguientes preguntas:
   a. ¿Qué rasgos del carácter de Moisés ve usted en estos capítulos? Anote las citas bíblicas.
   b. ¿Por qué cree usted que Dios escogió una persona con estas características para sacar al pueblo israelita de Egipto?

Ejercicio

(*Tome nota que esta porción sigue siendo parte del estudio bíblico, aunque no siempre se pida una respuesta por escrito*). Conforme vaya avanzando en el estudio del módulo, elija un versículo para memorizar, el cual deberá de ser capaz de escribir, dando la cita bíblica de una manera adecuada (traducción utilizada y la cita bíblica [libro, capitulo y versículo]). En cada lección se ofrece una sugerencia, pero usted puede escoger algún versículo que le haya llamado la atención.

SUGERENCIAS ADICIONALES PARA EL ESTUDIANTE

Sugerencia del versículo a memorizar

Y ahora, al escuchar el gemido de los israelitas, esclavizados por los egipcios, he recordado mi alianza (Éxodo 6,5; BJL).

Lecturas adicionales

Catecismo de la Iglesia Católica (CIC), §204.

Binz, Stephen J., *El Dios de la libertad y de la vida* (Collegeville, MN, Liturgical Press, 1995).

Feiler, Bruce, *Un Viaje a través de la Biblia* (Planeta Publishing Corporation, 2002).

La tierra está llena del Cielo y cada arbusto está ardiendo con Dios; pero solo aquel que lo ve, se quita los zapatos—el resto, se sienta y arranca zarzamoras.

—Elizabeth Barrett Browning

Éxodo 2,3–4 María cuida a Moisés

II.2
Las plagas y la Pascua judía*

Después de haber estudiado esta lección, usted podrá:

1. Explicar los elementos básicos de la liturgia de la Pascua judía y podrá relacionarla con la experiencia del éxodo.
2. Identificar la conexión que existe entre la Pascua judía y el misterio pascual de Jesús.
3. Comparar el "Seder" o cena pascual judía con la Eucaristía cristiana.
4. Nombrar los temas que componen las narraciones de las plagas.
5. Localizar en el mapa Gosén, Ramsés y Sucot.

Lecturas

Éxodo 7,1—13,16
Tábet: Páginas 193–94
Diccionario: Artículos: "Plagas de Egipto", "Pascua"
Lectura complementaria #8: "La Pascua: las raíces judías de la Eucaristía"

Estudio geográfico

Utilizando el mapa de la página 12 del Atlas localice Gosén, Ramsés y Sucot.

Términos importantes

La Pascua, las plagas

Trabajo por escrito

1. La Biblia describe las plagas como una "señal", es decir, eventos que revelan un mensaje de Dios. Describa algún evento de su vida que haya sido una "señal" para usted.
2. Haga una lista en que compare algunas de las semejanzas que existen entre las plagas de Apocalipsis 16 y las de Éxodo. Anote las citas bíblicas de los dos textos que utilizó para comparar.
3. Según el artículo del diccionario y el libro de Tabet, ¿por qué Dios mandó las plagas? ¿En qué partes del texto bíblico se pueden encontrar el porqué? Anote las citas bíblicas.
4. Los eruditos opinan que en Juan 19,31–36 se muestra que Juan, el escritor del Evangelio, consideraba que Jesús era como el cordero que se comía en la Pascua.
   a. ¿Qué pasaje del Éxodo ha llevado a los eruditos a sacar esta conclusión? Anote las citas bíblicas.
   b. Explique por qué cree usted que han llegado a esta conclusión.
5. Utilizando la lectura "La Pascua: las raíces judías de la Eucaristía", #8 de las Lecturas complementarias que se encuentran al final de este libro, describa las semejanzas entre la cena pascual judía y la Eucaristía cristiana.

---

* Consulte la Guía del maestro, Unidad I.2 (English edition).

6. Responda a una de las dos siguientes preguntas:
   a. Imagínese que usted es un esclavo hebreo. Explique como se sentiría después de haber pasado la etapa de las plagas y haber sido liberado.
   b. Imagínese que usted es un mercader Egipcio. Explique como se sentiría después de haber pasado la etapa de las plagas y haber visto como liberaban a los esclavos hebreos de Egipto.

SUGERENCIAS ADICIONALES PARA EL ESTUDIANTE

Retos opcionales

1. *Compare* (¿en qué se parecen?) y *contraste* (¿cómo son diferentes?) las descripciones de los eventos de liberación del Salmo 105 y los narrados en el Libro del Éxodo.
2. a. Imagínese que usted es el Faraón. Escriba un diario de sus experiencias con Moisés y con los israelitas.
   b. Imagínese que usted es Moisés. Escriba un diario de sus experiencias con el Faraón.

Sugerencia del versículo a memorizar

Y los egipcios reconocerán que yo soy Yahvé, cuando extienda mi mano sobre Egipto y saque a los israelitas de en medio de ellos (Éxodo 7,5; BJL).

Lecturas adicionales

Catecismo de la Iglesia Católica, §1096 y §1363.

No viene al caso si "muchas" o "pocas" cosas raras o normales, eventos tremendos o frívolos ocurrieron; lo que es vital es que los sucesos fueron experimentados, mientras ocurrían, como hechos de Dios. El pueblo vio, en aquello que veía, "la gran mano" y ellos "creyeron en YHVH," o traducido de manera más correcta, ellos confiaron en YHVH.

—Martin Buber, *Moisés*

Éxodo 12,30 El Faraón lamenta la muerte de su hijo.

II.3
El éxodo y el desierto*

Después de haber estudiado esta lección, usted podrá:

1. Explicar como la experiencia de Israel en el desierto es una época de confianza y crecimiento, al mismo tiempo es una época de murmuraciones y quejas.
2. Comprender que la experiencia del pueblo judío en el desierto no es solo un tema bíblico, sino también es parte de su vida espiritual y de la nuestra.
3. Identificar algunas de las características de las fuentes sacerdotal (P) y la yahvista- elohísta (JE), que se encuentran en Éxodo.
4. Distinguir entre la versión en prosa y la versión poética de la historia del "cruce del mar".
5. Reconocer la importancia que tiene la confianza en Dios en los eventos en el mar.
6. Identificar a Masá/Meribá, Amalec, Jetró, Josué y Jur.

Lecturas

Éxodo 13,17—15,27; 16—18
Tábet: Páginas 195–96
Diccionario: Artículos: "Éxodo", "María" (María, hermana de Moisés y Aarón), "Desierto", "Maná", "Josué"
Lecturas complementarias: #9 "Liberación en el mar" y #10 "El desierto: de manera indirecta"

Estudio geográfico

Utilizando el mapa de la página 12 del Atlas localice las rutas del éxodo y localice los cuatro desiertos por los que deambularon los israelitas (Sur, Etam, Sin y Parán).

Términos importantes

El paso (cruce) del mar Rojo, maná, desierto

Trabajo por escrito

1. Responda a las siguientes preguntas:
   a. ¿A qué hora del día tiene lugar la travesía del mar Rojo (mar de Cañas)? Anote la cita bíblica.
   b. ¿A qué hora cree usted que ocurrió la resurrección de Jesús? Anote la cita bíblica tomada de uno de los Evangelios que le llevó a sacar esa conclusión.
   c. ¿Qué celebración litúrgica anual católica es celebrada en la noche y tiene un tema similar al de la travesía del mar Rojo (mar de Cañas)?

* Consulte la Guía del maestro, Unidades I.3 y I.4 (English edition).

2. Muchos eruditos creen que la historia del cruce del mar en Éxodo 13,20—14,31es una combinación de dos versiones de la misma historia, teniendo como resultado el texto bíblico tal y como lo tenemos ahora. En "La liberación en el mar", #9 en sus Lecturas complementarias que se encuentran al final de este libro, encontrará como algunos eruditos modernos han analizado las dos fuentes que constituyen esta historia. Utilizando únicamente la lectura complementaria describa breve y claramente las diferencias más importantes entre las dos fuentes. Anote las citas bíblicas.
3. En Éxodo 15,1–18, ¿qué características de Yahvé se ven representadas? Anote las citas.
4. Las lamentaciones y las quejas predominan en estos capítulos.
   a. ¿De qué se quejaban los hebreos? Anote las citas bíblicas.
   b. Identifique situaciones hoy en día en que las constantes quejas y las lamentaciones de las personas se vuelven un problema.
5. Lea el capítulo 6 del Evangelio de Juan. ¿Qué encuentra en este capítulo, que le hace pensar que el evangelista tenía en mente los capítulos 16 al 18 del Éxodo cuando lo escribió? Dé por lo menos tres referencias bíblicas del Evangelio de Juan e indique a que pasaje del Éxodo se refiere.
6. Responda a las siguientes preguntas:
   a. ¿Qué papel jugó Moisés en la "guerra" contra Amalec? ¿Cómo es que fue ayudado en su esfuerzo? Anote las citas bíblicas.
   b. ¿Qué enseñanza tiene para su vida la historia de la guerra con Amalec? Sea específico.
7. Piense y escriba sobre alguna experiencia en su vida que haya sido como el desierto lo fue para los israelitas.

Éxodo 15,20 La Canción de María

II.3
El éxodo y el desierto (continuación)

SUGERENCIAS ADICIONALES PARA EL ESTUDIANTE

Retos opcionales

Hornee Maná para la clase:

¡UNA RECETA DE MANÁ PARA LOS QUE NO PUEDEN RECOGERLO!		
1/2 taza de mantequilla	1/2 cucharadita de vainilla	2 cucharadas de miel
1 taza de azúcar granulada	1 1/2 cucharadita de polvo de hornear	semillas de cilantro
2 huevos	2 tazas de harina	1/4 cucharadita de sal

Acremar la mantequilla, añadiendo la azúcar poco a poco, hasta que la mezcla se ponga clara. Añadir los huevos y batir hasta que se incorporen perfectamente. Añadir la miel, sal y vainilla. En otro tazón combinar los polvos de hornear con la harina e incorporarlos a la mezcla de la mantequilla. Engrasar una charola de hornear y ahí ir dejando caer ½ cucharadita de la mezcla, dejando espacio entre una y otra. Decore cada una con 3 semillas de cilantro (coriander). Hornear a 400 grados Fahrenheit por 8 minutos o hasta que estén cocidos. Enfriar sobre una rejilla. Rinde alrededor de 6 docenas.

Sugerencia del versículo a memorizar

Moisés respondió al pueblo: "No teman; permanezcan firmes, y verán la salvación que Yahvé les otorgará en este día, pues los egipcios que ahora ven, no los volverán a ver nunca jamás. Yahvé peleará por ustedes; ustedes no se preocupen" (Éxodo 14,13–14; BJL).

Lecturas adicionales

Catecismo de la Iglesia Católica, §117, § 1094y §1221.

Éxodo 17,12–13 Aarón y Jur sostienen a Moisés.

II.4
El Sinaí*

Después de haber estudiado esta lección, usted podrá:

1. Definir el término "alianza" tal y como el pueblo israelita lo entendía.
2. Trazar en un mapa la ruta tradicional hacia el Sinaí y encontrar donde se localizan Mará, Elín y Refidín en esta ruta.
3. Identificar los términos decálogo, Código de la Alianza y Torá.
4. Comprender el papel tan importante que tuvo la experiencia del Sinaí en la historia de Israel y como tienen un arraigado sentido de ser el pueblo de Dios.
5. Darse cuenta como al hablar del monte Sinaí y del monte Horeb se trata del mismo monte, el cual fue llamado de distinta manera por las diferentes fuentes.

Lecturas

Éxodo 19—24
Tábet: Páginas 196–202
Diccionario: Artículos: "Sinaí", "Alianza", "Torá"

Estudio geográfico

Utilizando el mapa de la página 12 del Atlas y el diccionario trace la ruta tradicional que los israelitas siguieron después de haber cruzado el mar. Encuentre Mará, Elín y Refidín.

Términos importantes

Teofanía, alianza, Código de la Alianza, decálogo

Trabajo por escrito

1. a. La alianza se realizó entre dos bandos. ¿Cuáles son? Anote la cita bíblica.
   b. ¿Cuál fue es papel de Moisés?
2. a. ¿Qué semejanzas encuentra entre la experiencia que tiene Moisés de Dios en Éxodo 3 y lo que experimenta el pueblo en Éxodo 19—20? Anote las citas bíblicas.
   b. ¿Qué semejanzas encuentra entre cada uno de estas experiencias y Mateo 17,1–8? Anote las citas bíblicas.
3 ¿Qué significado cree usted que tiene el primer mandamiento (Éxodo 20,2–6) para nosotros hoy en día?
4. a. ¿Qué razón se da para guardar (santificar) el sábado o Sabbat en Éxodo 20,8–11, Éxodo 23,12 y Deuteronomio 5,14–15? (Pista: cada pasaje ofrece una razón o motivo diferente por lo cual se debe guardar el sábado).
   b. ¿Cómo observa el día del Señor? ¿Cómo le gustaría observarlo?

* Consulte la Guía del maestro, Unidad I.5 (English edition).

5. a. En los capítulos 21 al 23 se nombran leyes que expresan especial interés por los pobres y aquellos que no se pueden proteger. Dé ejemplos de estas leyes. Anote las citas bíblicas.
   b. ¿El estudio de estas leyes le llama a hacer algo por los pobres?
6. a. ¿Nota en los capítulos 21 al 23 algunas leyes que no se hubiesen podido aplicar durante los cuarenta años de vida nómada de los israelitas en el desierto? Anote las citas bíblicas.
   b. ¿Cómo explica usted la presencia de estas leyes en el texto?

Ejercicio

Lea Hebreos 12,18–29 y observe como se emplean los capítulos 19 al 24 del Libro del Éxodo.

SUGERENCIAS ADICIONALES PARA EL ESTUDIANTE

Retos opcionales

1. Utilizando su diccionario y algunos otros libros, investigue las citas bíblicas referentes al fuego y a las nubes que aparecen en lo que hasta ahora lleva leído en el Libro del Éxodo. ¿Por qué cree usted que éstos son escogidos como símbolos de la presencia de Dios?
2. Lea Mateo 5—7.
   a. ¿Qué semejanzas ve usted entre las instrucciones de Jesús y la ley dada en Éxodo?
   b. ¿Qué diferencias encuentra? Sea específico.

Sugerencia del versículo a memorizar

Ustedes han visto lo que he hecho con los egipcios, y como a ustedes los he llevado sobre alas de águila, y los he traído a mí (Éxodo 19,4; BJL).

Lecturas adicionales

Catecismo de la Iglesia Católica, §62, §204, y §2810.

Éxodo 18,19 Jetró aconseja a Moisés

II.5
El arca de la alianza*

Después de haber estudiado esta lección, usted podrá:

1. Describir e identificar la importancia de la Tienda de la Presencia y del arca de la alianza.
2. Dar el contexto histórico y las características principales del autor(es) sacerdotal(es).
3. Encontrar en un mapa el lugar donde tradicionalmente se encuentra el Sinaí.

Lecturas

Éxodo 25—31; 40
Tábet: Páginas 204–08
Diccionario: Artículos: "Arca de la alianza", "Tabernáculo", "Monte"
Lecturas complementarias: #11 "Las fuentes del Pentateuco" y #12 "Autoexamen de mitad del Módulo II"

Estudio geográfico

Utilizando el mapa de la página 12 del Atlas localice el lugar donde tradicionalmente se cree se encuentra el Sinaí.

Términos importantes

Arca de la alianza, Tienda de la Presencia (también llamada Tienda de la Reunión o Tabernáculo)

Trabajo por escrito

1. a. Enumere algunos materiales y colores mencionados en Éxodo en relación con el Tabernáculo y el arca.
   b. Ponga una palomita junto a los materiales y colores que tienen un uso litúrgico en la actualidad.
   c. ¿Cómo se utilizan hoy en día en la liturgia? Sea específico.
2. a. Utilizando las direcciones que da la Biblia y el artículo sobre el "Tabernáculo" del diccionario, dibuje un plano aproximado de la Tienda de la Presencia, el arca de la alianza y demás muebles del santuario principal tal y como se describen.
   b. Basándose en su respuesta a la pregunta 2a, ¿cuál piensa usted que era el elemento más importante para los israelitas en su manera de dar culto a Dios?
3 a. Dibuje, de manera aproximada, un plano de su parroquia.
   b. Basándose en su respuesta a la pregunta 3a, ¿qué piensa usted que para la comunidad de su parroquia es el elemento más importante en su manera de dar culto a Dios?

* Consulte la Guía del maestro, Unidad I.6 (English edition).

4. Según Hebreos 8—9, el arca simboliza ciertas realidades del Nuevo Testamento. ¿Qué significado específico tienen cada uno de los siguientes? Dé una breve respuesta y anote las citas bíblicas.
   a. El sumo sacerdote
   b. El santuario (también llamado el Lugar Santísimo o el Santo de los Santos)
   c. Las víctimas expiatorias
5. En las Letanías de Loreto del siglo XVI, a María se le llama arca de la alianza. ¿Por qué cree usted que las letanías le dan ese título?

Ejercicios

1. Para poder conocer mejor al autor sacerdotal, relea los pasajes principales de Éxodo escritos por esta fuente (Éxodo 1,1–5; 12,1–20; 24,16–18). Note como en estos textos hay un interés particular por las reglas o normas litúrgicas y como la frase "la gloria de Dios" es característica de esta fuente.
2. Revise que tanto ha comprendido la información que hasta ahora ha adquirido, tomando el "Auto-examen de mitad del Módulo II", #12 en las Lecturas complementarias que se encuentran al final de este libro.

SUGERENCIAS ADICIONALES PARA EL ESTUDIANTE

Retos opcionales

1. Haga un bosquejo, una pintura o un modelo del arca de la alianza y de la Tienda del Encuentro, o de algún objeto que se encontraba dentro de ellos.
2. Componga un poema o una oración inspirada por el arca de la alianza.

Sugerencia del versículo a memorizar

Hazme un santuario para que yo habite en medio de ellos (Éxodo 25,8; BJL).

Lecturas adicionales

Catecismo de la Iglesia Católica, §2130.

Éxodo 25,1–6 Contribuciones para el santuario

II.6
El becerro de oro y la Torá (la Ley)*

Después de haber estudiado esta lección, usted podrá:

1. Narrar la historia del becerro de oro y explicar su significado.
2. Reconocer las características principales de las fuentes yahvista (J) y de la elohista (E).
3. Nombrar y describir brevemente las tres fiestas de peregrinación y el día de expiación.
4. Comparar la ey levítica con ejemplos de los Evangelios.
5. Describir el contexto histórico y literario del Libro del Levítico.
6. Aplicar la espiritualidad sobre la santidad de la que se habla en el Libro del Levítico a su propia vida.

Lecturas

Éxodo 32—34; Levítico 12—14; 16—19; 23
Tábet: Páginas 210–24
Diccionario: Artículos: "Jesús", "Expiación", "Levítico", "Fiesta de los Tabernáculos", "Becerro de oro"

Estudio geográfico

Utilizando el diccionario identifique a los siguientes pueblos: amorreo, cananeo, hitita y jebuseo que son nombrados en Éxodo 34,11b.

Términos importantes

Becerro de oro, Fiesta de los Tabernáculos o de las Tiendas, día de la expiación, chivo expiatorio, purificación, código de la santidad, fiesta judía de Pentecostés, fiestas de peregrinación

Trabajo por escrito

1. Textos del Nuevo Testamento ven en Jesús a un nuevo Moisés. Lea Hebreos 3,1–6, Mateo 2,13–15 y 19–21 y Mateo 4,1–11. ¿Qué semejanzas ve usted entre Moisés y Jesús? Anote las citas bíblicas.
2. Compare Éxodo 19—20 con Éxodo 34,1–28. Algunos eruditos piensan que estos textos son dos versiones del mismo acontecimiento. Después de haber leído ambos pasajes, ¿piensa usted que pueden ser la descripción del mismo acontecimiento? ¿Por qué o por qué no? No hay una respuesta correcta o incorrecta a esta pregunta. El objetivo de esta pregunta es que usted lea cuidadosamente el texto bíblico y reflexione sobre él.
3. En 2 Corintos 3,12–28, ¿cómo aplica Pablo el pasaje de Éxodo 34,29–35 a la experiencia cristiana?

* Consulte la Guía del maestro, Unidades I.7 y I.8 (English edition).

4. Lea Éxodo 32 y responda a las siguientes preguntas:
   a. ¿Qué impulsó a Aarón a hacer el becerro de oro? Anote la cita bíblica.
   b. ¿Qué representó el becerro de oro para Aarón? Anote la cita bíblica.
   c. ¿Por qué piensa usted que Moisés reaccionó de la manera que lo hizo ante la elaboración del becerro de oro?
5. En el Nuevo Testamento:
   a. ¿Dónde se lleva a cabo el ritual del que se habla en Levítico 12,6–8? (Lea las citas a pie de página y las referencias bíblicas).
   b. Al leer Levítico 12,6–8, ¿qué aprendió sobre el ritual que no hubiese sabido si solo hubiese leído el Nuevo Testamento?
6. Lea los Hechos de los Apóstoles 15,19–21 y 28–29. Aquí Santiago presenta cuatro requisitos a los gentiles que se quieren convertir al cristianismo. Tal parece que está aplicando a los gentiles cristianos las reglas para los extranjeros que se encuentran en Levítico 17—18.
   a. Mencione dos requisitos que Santiago impone que son tomados del Levítico. Anote las citas bíblicas.
   b. ¿Cree usted que hoy en día los cristianos gentiles tienen que seguir cumpliendo esos requisitos? ¿Por qué o por qué no?
7. Utilizando el diccionario, haga un resumen de los elementos importantes de la Fiesta de los Tabernáculos.
8. Utilizando la siguiente tabla, encuentre en el Nuevo Testamento tantas referencias para cada una de las siguientes celebraciones o fiestas como pueda encontrar. Utilice el diccionario, las referencias bíblicas y las notas al pie de página.

II.6
El becerro de oro y la Torá (la Ley)
(continuación)

Fiestas de peregrinación	Nombre hebreo	Referencias	Conmemoración histórica	Celebración de temporada
Pascua	Pesaj	Éxodo 12 Levítico 23, 4–14 Deuteronomio 16,1–8	Liberación de Egipto	Primera gavilla de cebada (primavera)
Pentecostés (Semanas)	Shavout	Deuteronomio 16, 9–1 2 Levítico 23,15–21	Torá en el Sinaí	Fiesta de la siegal (verano)
Promulgación del Tabernáculos (Tiendas)	Succot	Nehemías 8 Levítico 23,33–36 Deuteronomio 16,13–15	Andanzas por el desierto	Fiesta de la recolección (otoño)

SUGERENCIAS ADICIONALES PARA EL ESTUDIANTE

Retos opcionales

1. Describa a Moisés por medio de alguna de las siguientes formas:
   a. su autobiografía;
   b. un artículo sobre él escrito por Josué;
   c. una obra de arte, un poema o una canción.

Sugerencia del versículo a memorizar

Yahvé pasó por delante de él y exclamó: "Yahvé, Yahvé, Dios misericordioso y clemente, tardo a la cólera y rico en amor y fidelidad" (Éxodo 34,6; BJL).

No vengarás ni guardarás rencor a los hijos de tu pueblo. Amarás a tu prójimo como a ti mismo. Yo, Yahvé (Levítico 19,18; BJL).

Lecturas adicionales

Catecismo de la Iglesia Católica, §210, §433, §1807, §2388 y §2434.

Levítico 2,1–2 Adorando al becerro de oro

II.7
Cuarenta años deambulando*

Después de haber estudiado esta lección, usted podrá:

1. Identificar los siguientes personajes: Caleb, Coré, Datán y Abirán, Balaán y Balac.
2. Reconocer el patrón de conducta que se repite: murmuraciones y falta de confianza, seguido de castigo, petición de ayuda y finalmente el perdón de Yahvé.
3. Localizar en el atlas bíblico Cades-Barnea, Edom, Moab y Amón.

Lecturas

Números 6, 9—14; 16—17; 20—24
Tábet: Páginas 227–37
Diccionario: Artículos: "Libro de los Números, "Baalam", "Nazareo" (Voto de Nazireato)
Lectura complementaria #13: "El génesis de la liberación: Moisés atado y desatado"

Estudio geográfico

Utilizando los mapas en las páginas 12 y 13 del Atlas, encuentre Cades-Barnea, lugar en el cual los israelitas acamparon por lo menos dos veces. También encuentre el reino de Edom, Moab y Amón.

Utilizando el mapa de la página 5 identifique en que países del mundo moderno se hubiesen localizado esos reinos.

Términos importantes

Voto de Nazireato

Trabajo por escrito

1. Lea el capítulo 6 y responda a lo siguiente:
   a. ¿A qué se comprometía un judío al tomar el voto de Nazireato? Anote las citas bíblicas.
   b. ¿Quién en el Nuevo Testamento parece haber tomado el voto de Nazireato? Anote las citas bíblicas del Nuevo Testamento. (De ser necesario utilice el diccionario).
2. ¿Qué aprendió sobre el tema de la Pascua judía en Números 9 que no había aprendió en Éxodo?
3. ¿Qué mensaje piensa usted que la historia de los setenta ancianos (Números 11,16–30) tiene para la Iglesia de hoy en día?
4. Lea el capítulo 13 y responda a lo siguiente:
   a. Describa la misión de los doce espías. Anote las citas bíblicas.
   b. ¿Qué reportaron los espías a su regreso? Anote las citas bíblicas.

* Consulte la Guía del maestro, Unidad I.9 (English edition).

5. a. ¿A qué tribu pertenecía Coré? ¿Por qué razón se reveló contra Moisés?
   b. ¿A qué tribu pertenecían Datán y Abirán? ¿Cuáles fueron sus razones para rebelarse en contra de Moisés?
6. Los autores del Nuevo Testamento parecen haber estado familiarizados con estas secciones del Libro de los Números. Brevemente describa el significado de cada uno de los siguientes cuatro pares:
   a. Mateo 2,1–12 y Números 24,17
   b. Juan 3,14–15 y Números 21,6–9
   c. Santiago 11, 2 Pedro 2,16 y Números 16,1–11; 22,1–30
   d. 1 Corintios 10,4 y Números 20,2–13
7. ¿Qué mensaje encuentra en la historia de Balaán para su propia vida?

SUGERENCIAS ADICIONALES PARA EL ESTUDIANTE

Retos opcionales

1. Imagínese que usted es un reportero del periódico *El Tiempo del Desierto*. Escriba un artículo para sobre la misión de los espías y su informe a la comunidad israelita.
2. Investigue y escriba un informe sobre la tierra de Canaán y sus habitantes antes de que entraran los israelitas.
3. Escriba una oración fúnebre que Moisés pudiese haber pronunciado en el funeral de María, su hermana.

Sugerencia del versículo a memorizar

Que Yahvé te bendiga, y te guarde; que ilumine Yahvé su rostro sobre ti y te sea propicio; que Yahvé te muestre su rostro y te conceda la paz (Números 6,24–26; BJL).

Lecturas adicionales

Catecismo de la Iglesia Católica, §1541, §2130 y §2576.

Números 13,23 Cargando la fruta del Valle de Escol

II.8
Un nuevo enfoque de la alianza*

Después de haber estudiado esta lección, usted podrá:

1. Explicar el entorno histórico y geográfico del Deuteronomio.
2. Enumerar las características del estilo deuteronomista. (Vea "Fuentes del Pentateuco", #11 de sus Lecturas complementarias que se encuentran al final de este libro).
3. Distinguir que el Deuteronomio está escrito en forma de sermón.
4. Encontrar en el texto bíblico el Semá (Escucha, Israel) y entender su relación con el judaísmo.
5. Saber el significado que tienen para los judíos de las filacterias y la mezuzá.
6. Explicar como en el Deuteronomio se aborda el tema de la justicia retributiva.

Lecturas

Deuteronomio 1; 4—11
Tábet: Páginas 239–45
Diccionario: Artículos: "Semá (Escucha)", "Deuteronomio"

Estudio geográfico

Utilizando el mapa de la página 14 de su Atlas, vea la extensión de la tierra dada a los israelitas en Deuteronomio 1,6–8.

Términos importantes

El Semá (Escucha, Israel)

Trabajo por escrito

1. ¿Qué diferencias nota usted entre el relato de Sinaí-Horeb en Éxodo 19 y el del Deuteronomio 4,9–15? Anote las citas bíblicas.
2. Haga una lista de las semejanzas y de las diferencias más significativas entre los Diez Mandamientos tal como aparecen en Deuteronomio 5, 6–21 con los mandamientos dados en Éxodo 20,1–17.
3. Deuteronomio 6, 4–9 (el Semá [Escucha, Israel]) puede considerarse como el credo judío.
   a. ¿Qué cree usted que este pasaje significó para aquellos que lo escucharon originalmente?
   b. ¿Cómo utiliza Jesús este pasaje en Mateo 22,34–40?
   c. Nosotros los cristianos de hoy ¿cómo podemos aplicar el pasaje de Deuteronomio 6,4–9 en nuestras vidas?
4. Según Moisés, ¿de qué manera la tierra prometida es mejor que Egipto? (Deuteronomio 11,10–11)

* Consulte la Guía del maestro, Unidad II.1 (English edition).

5. Deuteronomio 11,26–32 sugiere que va a haber bendiciones para aquellos que siguen la ley y calamidades o maldiciones para aquellos que la desobedecen. ¿En su vida personal ha encontrado que así sucede? Explique.

Ejercicio

Conforme vaya avanzando en el estudio del módulo, elija un versículo para memorizar y sea capaz de escribirlo dando la cita bíblica de una manera adecuada (traducción utilizada y la cita bíblica [libro, capítulo y versículo]). En cada lección se ofrece una sugerencia, pero usted puede escoger algún versículo que le haya llamado la atención.

SUGERENCIAS ADICIONALES PARA EL ESTUDIANTE

Retos opcionales

1. Realice una obra de arte, escriba un poema o componga una canción basándose en algún versículo del Deuteronomio.
2. Deuteronomio subraya la importancia de enseñar las historias sagradas a nuestros hijos. Cuente una de las historias de Éxodo, Números o Deuteronomio a un niño. ¿Cómo reaccionó el niño ante esta historia?
3. Pregúntele a un amigo judío acerca de las filactelias y la mezuzá. Haga un resumen de la conversación.
4. Contacte a la sinagoga judía de su área y únase a ellos en la oración del sábado (Sabbat) o a alguna liturgia de sus fiestas.

Sugerencia del versículo a memorizar

Escucha, Israel: Yahvé nuestro Dios es el único Yahvé. Amarás a Yahvé tu Dios con todo tu corazón, con toda tu alma y con todas tus fuerzas (Deuteronomio 6,4–5; BJL).

Lecturas adicionales

Catecismo de la Iglesia Católica, §201, §202, §2052 y el cuadro que antecede a §2052.

Deuteronomio 6,4–5 "Escucha, Israel"

II.9
El último sermón de Moisés y su muerte*

Después de haber estudiado esta lección, usted podrá:

1. Reconocer que la alianza y la Palabra de Dios son realidades vivas en el Deuteronomio y también en nuestras vidas.
2. Conocer la importancia de los temas deuteronómicos: alianza, vida, tierra, ley, poder elegir, amor a Dios y amor por Dios.
3. Reconocer el género literario denominado discurso de despedida.
4. Percatarse de la conexión existente entre la Epístola a los Romanos y el Deuteronomio.

Lecturas

Deuteronomio 29—34
Tábet: Páginas 239–45

Estudio geográfico

Utilizando los mapas de las páginas 14–15 de su Atlas encuentre el país en el que Moisés da su discurso (consulte Deuteronomio 29,1) y la montaña en ese país en la que muere Moisés (Deuteronomio 34,1).

Términos importantes

Discurso de despedida

Trabajo por escrito

1. a. ¿Cómo demuestra a sus lectores el autor del Deuteronomio, quien lo escribió centenares de años después de la muerte de Moisés, que la alianza mosaica no pertenece solo al pasado, sino a ellos también? Anote las citas bíblicas.
   b. ¿Cómo puede servir esto de guia para que usted experimente la Palabra de Dios?
2. Lea Deuteronomio 30,15–20.
   a. Según su opinión ¿cuál es el mensaje que pretendía comunicar el autor del Deuteronomio?
   b. ¿Cómo sigue teniendo este pasaje vigencia hoy en día? Sea específico.
3. El sermón o discurso de despedida es una forma literaria muy común en la Escritura. Generalmente incluye:
   - recuerda la actuación de Dios en la vida de quien está dando el discurso o de la vida de Israel
   - exhortación general a guardar la ley de Dios
   - predicciones, advertencias y consejos acerca del futuro
   - el nombramiento de un sucesor

* Consulte la Guía del maestro, Unidad II.2 (English edition).

Utilizando **uno** de los elementos arriba nombrados, compare el Libro del Deuteronomio con el discurso de despedida de Jesús en Juan 14—17. Anote las citas bíblicas que respalden su respuesta.

4. En Romanos 10,5–10, ¿cómo interpreta Pablo Deuteronomio 30,11–14? Anote las citas bíblicas.
5. ¿Qué pasaje de Deuteronomio 29—34 encuentra usted que tiene mayor significado para usted? ¿Por qué?

Ejercicio Preste atención a la frecuencia con la cual los términos "amor", "vida" y la expresión "con todo tu corazón y toda tu alma" aparecen en Deuteronomio 30.

SUGERENCIAS ADICIONALES PARA EL ESTUDIANTE

Retos opcionales

1. Lea estos discursos de despedida de: Jacob en Génesis 49; Pablo en los Hechos de los Apóstoles 20,17–33 y Tobías en Tobías 14. Escriba acerca de cada uno tomando en cuenta los elementos listados en la pregunta 3.
2. Escriba uno de los siguientes:
   a. Una oración fúnebre para Moisés.
   b. Una bendición final que el moribundo Moisés pudiese haber dado a Josué.
3. El Nuevo Testamento cita con frecuencia al Deuteronomio. Busque pasajes en el Deuteronomio que también puede encontrar en el Nuevo Testamento. Utilice las referencias de otros pasajes que se dan en su Biblia y su diccionario.

Sugerencia del versículo a memorizar Sino que la palabra está bien cerca de ti, en tu boca y en tu corazón, para que la pongas en práctica (Deuteronomio 30,14; BJL).

Lecturas adicionales *Catecismo de la Iglesia Católica*, §238, §1696.

Deuteronomio 34,1–4 Moisés asciende el monte Nebo.

II.10
Repaso del Módulo II*

Los estudiantes se responsabilizaran de:

1. Saberse de memoria un versículo de alguno de los libros estudiados esto módulo, nombrando la traducción y citando referencias.
2. Saber escribir en orden y de manera correcta el nombre de los cinco libros del Pentateuco.
3. Saber por lo menos tres características de las tradiciones sacerdotal, yahvista y elohísta. Vea "Fuentes del Pentateuco", #11 en las Lecturas complementarias que se encuentran al final de este libro.
4. Identificar las siguientes personas, lugares, eventos y términos:

PERSONAS	LUGARES *(Será capaz de identificarlos así como de localizarlos en un mapa).*	EVENTOS	TÉRMINOS
Habiru	Amón	Las 3 fiestas de peregrinación	El arca de la alianza
Hicsos	Caná	- Pascua judía	La alianza
Leví	Cades-Barnea	- Pentecostés	El Código de la Alianza
Amrán	Desierto del Parán	- Tabernáculos (Tiendas)	El decálogo
Yoquébed	Desierto de Sin	La llamada de Moisés	El desierto
Moisés	Edom	La teofanía sobre el monte Sinaí	El becerro de oro
María (Miriam)	Egipto	Las plagas	Las murmuraciones/ quejas
Aarón	Gosén	El conflicto de Masá/ Meribá	El código de la santidad
Ramsés II	Mará	El día de expiación	Maná
Sifrá y Púa	Madián	El paso del mar de Cañas (mar Rojo)	El voto de Nazireato
Séfora	Moab	El sábado	El Pentateuco
Jetró	Río Nilo		La purificación
Amalecitas	Ramesés		El chivo expiatorio
Jur	Mar de las Cañas		La Morada (La Tienda del Encuentro)
Josué	Refidín		Teofanía
Caleb	Sinaí/Horeb		
Datán	Sucot		
Abirán			
Coré			
Balaán			

* Consulte la Guía del maestro, Unidad I.10 (English edition).

MÓDULO III
Obtener, gobernar y perder la tierra

Después de estudiar este módulo usted podrá:

1. Localizar en el mapa las características más importantes de la geografía de Palestina, en relación con el estudio de la historia deuteronomista.
2. Estudiar el liderazgo carismático, característica afín de los Jueces.
3. Explicar el desarrollo y la decadencia de la monarquía.
4. Comprender el papel de los profetas ejemplificado en Natán, Elías y Eliseo.
5. Tratar de explicar la religión cananita relacionándola con Elías.
6. Familiarizarse con los elementos de la arqueología de Palestina.
7. Reafirmar los conceptos generales del Antiguo Testamento relacionándolos en una línea cronológica.

Lecturas

Texto principal: *La Biblia*. Use una buena traducción con citas a pie de página. Para mayor información, lea "Elegir una traducción de la Biblia", #1 en las Lecturas complementarias que se encuentran al final de este libro de trabajo.

Otros textos: Para reforzar los conocimientos y como libros de referencia recomendamos:

Tábet, Miguel Ángel; *Introducción al Antiguo Testamento: Pentateuco y libros históricos* (al cual se le denominará: Tábet)

Holman, *Atlas Bíblico Conciso* (al cual se le denominará: Atlas)

Diccionario Bíblico (al cual se le denominará: Diccionario)

Trabajo por escrito

Cada lección debe ser preparada antes de asistir a la clase para así poder participar en las discusiones del equipo de trabajo. Estudie el texto y las citas a pie de página de cada pasaje bíblico, lea las lecturas asignadas y conteste por escrito el trabajo en una hoja de papel (*no en el cuaderno de trabajo*).

III.1 LA CONQUISTA .... Josué 1—6; 23—24
III.2 JUECES: DÉBORA, GEDEÓN, JEFTÉ, SANSÓN .... Jueces 4—8; 11; 13—16
III.3 LA MONARQUÍA: SAMUEL Y SAÚL .... 1 Samuel 1—15
III.4 SAÚL Y DAVID .... 1 Samuel 16—31; 2 Samuel 1
III.5 DAVID Y NATÁN .... 2 Samuel 2—12
III.6 DAVID Y ABSALÓN .... 2 Samuel 13—20; 1 Reyes 1—3
III.7 SOLOMÓN, EL REINO DIVIDIDO, ELÍAS ..... 1 Reyes 8—12; 17—21; 2 Reyes 1—2
III.8 ELISEO Y LA PROFECÍA BÍBLICA .... 2 Reyes 3—13
III.9 LA CAÍDA DEL REINO DEL NORTE Y DEL REINO DEL SUR; LA DEPORTACIÓN .... 2 Reyes 17—25
III.10 REPASO FINAL DEL PRIMER AÑO

III.1
La conquista

Después de haber estudiado esta lección, usted podrá:

1. Describir el papel que jugo Josué en la ceremonia en la que se renovó la alianza en Siquén.
2. Localizar en el mapa el rió Jordán, el área de Transjordania, Silo, Hebrón, Hazor y Berseba.
3. Ser capaz de nombrar los libros de la historia deutronómista.
4. Reconocer la importancia que tiene la fidelidad a la alianza como tema deuteronomista.

Lecturas

Josué 1—6; 23—24
Tábet: Páginas 269–70, 274–79, 282–84
Diccionario: Artículos: ""Libro de Josué"
Lectura complementaria #14: "Los profetas anteriores y la historia deuteronomista"

Estudio geográfico

Utilizando el mapa de la página 16 de su Atlas:

a. Encuentre las tribus de Transjordania (aquellas a las que les fueron asignadas la tierra al lado oriental del río Jordán).
b. Encuentre las tribus que heredaron estos sitios: 1) Silo, 2) Hebrón, 3) Hazor y 4) Berseba. (Puede consultar Josué 15,28 y 19,2–4).
c. Trace la ruta que siguieron Josué y el pueblo al entrar a la tierra prometida.
d. Trace la extensión de la tierra prometida tal como se describe en Josué 1,4.

Términos importantes

Historia deutronómista, ceremonia de la renovación de la alianza

Trabajo por escrito

1. Encuentre el pasaje del Pentateuco que se relaciona con cada uno de estos temas:
   a. Josué (Josué 1,1)
   b. Arca de la alianza (Josué 3,3)
   c. Circuncisión (Josué 5,2–9)
   d. Pascua judía (Josué 5,11)
   e. Maná (Josué 5,12)
   f. Balaán (Josué 24,9–11)
   g. El entierro de José (Josué 24,32)
2. En Josué 24,2–13:
   a. ¿Qué eventos son mencionados como importantes?
   b. ¿Por qué cree que el autor el autor no menciona la alianza del Sinaí? Explique.
3. a. Anote las citas bíblicas de los pasajes en donde el autor relaciona el cruce del mar Rojo (Mar de Cañas) en Éxodo 14,10–31 y el cruce del rió Jordán en Josué 3—4.

b. ¿Por qué cree usted que el autor hizo esta relación?

4. El estilo, los temas y las ideas de la historia deuteronomista (Josué, Jueces, 1 y 2 Samuel, 1 y 2 Reyes) se parecen mucho a las del Libro del Deuteronomio. ¿Qué palabras, frases e ideas en Josué 23—24 le recuerdan al Deuteronomio? Anote las citas bíblicas.
5. Imagine que usted es Rajab en su vejez relatando a sus nietos su experiencia con la invasión israelita. ¿Qué les diría?

Ejercicio

1. Lea Deuteronomio 34 y Josué 1. Advierta como los libros históricos (Josué, Jueces, 1 y 2 Samuel, 1 y 2 Reyes) están ligados al Deuteronomio para así formar una historia continua.
2. Conforme vaya avanzando en el estudio del módulo, elija un versículo para memorizar el cual deberá poder escribirlo anotando la cita bíblica de una manera adecuada (traducción utilizada y libro, capítulo y versículo). En cada lección se ofrece una sugerencia, pero usted puede elegir algún otro versículo que le haya llamado la atención.

SUGERENCIAS ADICIONALES PARA EL ESTUDIANTE

Retos opcionales

1. Describa la espiritualidad de Josué tal como usted la comprende. Anote las citas bíblicas.
2. Represente a Josué de forma creativa (por ejemplo, un dibujo, un poema, o una oración).
3. En el capítulo 24, Josué preside la ceremonia de renovación de la alianza en Siquén. Investigue y escriba un informe sobre la importancia de las ceremonias de renovación de la alianza entre los israelitas después de su entrada a la tierra prometida.
4. Los eruditos han desarrollado varias teorías sobre la conquista de Canaán por los israelitas. Investigue y escriba un informe sobre estas teorías.

Sugerencia del versículo a memorizar

¿No te he mandado que seas fuerte y valiente? No tengas miedo ni te acobardes, porque Yahvé tu Dios estará contigo adondequiera que vayas (Josué 1,9; BJL).

Yo y mi casa serviremos a Yahvé (Josué 24,15b; BJL).

Lecturas adicionales

Catecismo de la Iglesia Católica (CIC), §2307.

George Wiegel: "La tradición de la 'guerra justa' y el terrorismo" (https://es.zenit.org/articles/george-weigel-la-tradicion-de-la-guerra-justa-y-el-terrorismo/).

Josué 2,15 "[Rajab] los descolgó [a los hombres de Josué] con una cuerda por la ventana".

III.2
Los Jueces: Débora, Gedeón, Jefté, Sansón

Después de haber estudiado esta lección, usted podrá:

1. Describir el papel de los jueces en Israel, quienes fueron y que hicieron.
2. Identificar a los filisteos, Gedeón, Débora, Barac, Yael, Jefté, Sansón y Dalila.
3. Localizar en el mapa el monte Tabór, el Valle de Jazreel (Esdraelón).
4. Recordar como en la época de los jueces se organizo una federación de tribus.
5. Reconocer en el Libro de los Jueces el esquema deuteronomista.

Lecturas

Jueces 4—8; 11; 13—16
Tábet: Páginas 287, 288–89, 296–99
Diccionario: Artículos: "Libro de los Jueces"
Lectura complementaria #15: "La violencia en Josué y Jueces"

Estudio geográfico

Utilizando el mapa de la página 16 de su Atlas localice:

a. El lugar donde se localiza la palmera de Débora (Jueces 4,5)
b. El hogar de Barac (Jueces 4,6)
c. El lugar de la batalla entre Barac y Sísera (Jueces 4,13–16)
d. El campamento madianita que fue atacado por Gedeón (Jueces 6,33)
e. La tierra de las tribus que siguieron a Gedeón y a los madianitas (Jueces 6,35; 7,23–25)
f. El lugar donde fue encarcelado Sansón (Jueces 16,21)

Términos importantes

Líder carismático, juez

Trabajo por escrito

1. Dé ejemplos y anote las citas bíblicas que encuentre en Jueces 4 y 6 que ejemplifiquen la forma de escribir o esquema que sigue el escritor deuteronomista.
   a. Israel cae en el pecado
   b. Dios los castiga
   c. Israel se arrepiente y clama al Señor
   d. Dios envía un liberador
2. a. Enumere todas las mujeres, incluyendo aquellas que no tienen nombre, que son mencionadas en los capítulos de Jueces que ha leído. Anote las citas bíblicas.
   b. Después de haber leído esta lección, mencione de manera general por lo menos dos ejemplos del papel que jugaban las mujeres en Israel en la época de los jueces.

3. a. Escoja a uno de los jueces que hemos estudiado y describa los rasgos de su carácter y personalidad. Anote las citas bíblicas.
   b. ¿Por qué cree que Dios eligió a una persona con estas características para que sirviera como juez en esa época y con esas circunstancias?
4. a. Lucas 1,26–38 nos recuerda el relato de Jueces 6,11–16 y Jueces 13,2–5. ¿Qué rasgos comunes puede ver en cada uno de estos pasajes? Anote las citas bíblicas.
   b. ¿Por qué cree que Lucas alude a esos pasajes? Explique.
5. a. En las historias del Libro de los Jueces, ¿qué elementos encuentra usted que le molestan?
   b. El haber leído la Lectura complementaria #15 ¿le ayudó a entender mejor estos textos? Explique.

SUGERENCIAS ADICIONALES PARA EL ESTUDIANTE

Retos opcionales

1. Brevemente analice la diferencia más importante de la conquista entre Josué 1—12 y Jueces 1,1—2,5. Anote las citas bíblicas.
2. Brevemente analice la idea de que un juez es un "líder carismático". Utilice el articulo "Libro de los Jueces" de su diccionario. Dé ejemplos de líderes carismáticos modernos.

Sugerencia del versículo a memorizar

¡Escuchen, reyes! ¡Presten oídos, príncipes! A Yahvé voy a cantar. Tocaré el salterio para Yahvé, Dios de Israel (Jueces 5,3; BJL).

Lecturas adicionales

Catecismo de la Iglesia Católica, §206.

Driscoll, James F., "Filisteos". Traducido por Giovanni E. Reyes, LHM, de "Philistines,", *The Catholic Encyclopedia*. Vol. 12. New York: Robert Appleton Company, 1911 (http://ec.aciprensa.com/wiki/Filisteos).

En los días de tu profeta Débora. Tú salvaste a Israel por la mano de una mujer. Con su sabiduría tranquila, estaba ella de pie, bajo su árbol, guiando a aquellos que buscaban tú Ley. Ella vio la amenaza que representaba la tiranía para su pueblo sencillo. Ella acudió a ti pidiendo tú ayuda, y tú le respondiste.

—Ann Johnson, *Miryam of Nazareth*

Jueces 4,4 "Débora…juez de Israel"

III.3
La monarquía: Samuel y Saúl

Después de haber estudiado esta lección, usted podrá:

1. Identificar a Eli, Ana, Elcaná, Samuel y Saúl.
2. Describir la tensión que se generó al cambiar de una federación de tribus a una monarquía.
3. Relacionar a Ana, personaje del Antiguo Testamento con María, la madre de Jesús.
4. Localizar en el mapa Ramá, Silo, Afec, Asdod, Gaza, Ascalón, Queriat Yearnín.

Lecturas

1 Samuel 1—15
Tábet: Páginas 303–09
Diccionario: Artículos: "Libros de Samuel"

Estudio geográfico

Utilizando los mapas de las páginas 18 y 19 de su Atlas localice:

a. Silo (1 Samuel 1,3)
b. Ramá (1 Samuel 1,19)
c. Afec (1 Samuel 4,1)
d. Asdod (1 Samuel 5,1)
e. Gaza y escalón (1 Samuel 6,17)
f. Quiriat Yearín (1 Samuel 7,1)

Términos importantes

Voto de Nazireato, monarquía, el ungido (1 Samuel 10,1)

Trabajo por escrito

1. ¿Qué voto o promesa hace Ana en nombre de su hijo en 1 Samuel 1,11? Anote la cita bíblica del Libro de los Números.
2. a. ¿Qué rasgos comunes encuentra entre Ana y María, la madre de Jesús? Anote las citas bíblicas.
   b. ¿Qué semejanzas encuentra usted entre el Cántico de Ana y el Magnificat o Cántico de María, la madre de Jesús (Lucas 1, 46–55)? Anote las citas bíblicas.
3. ¿Qué pasajes en el Evangelio de Lucas sobre la infancia de Jesús le recuerda a 1 Samuel 2,26? Anote las citas bíblicas.
4. a. ¿Por qué quería el pueblo tener un rey? Anote las citas bíblicas.
   b. En el mundo actual, ¿dónde ve usted reflejados esos mismos deseos? Explique.

5. a. ¿Qué características positivas y negativas ha encontrado en Saúl a través de la lectura de estos capítulos? Anote las citas bíblicas.
   b. ¿Cómo afectan estas características el reinado de Saúl? Sea concreto.
6. a. La llamada de Samuel es importante. Compare y contraste esta llamada con otra llamada que usted haya estudiado este año. Anote las citas bíblicas.
   b. ¿Qué más ha aprendido acerca de la naturaleza de la llamada? Explique.
7. ¿Cuál piensa usted que sea el significado teológico del relato de la arca en 1 Samuel 4—7?

SUGERENCIAS ADICIONALES PARA EL ESTUDIANTE

Retos opcionales

1. Escriba una autobiografía de Samuel, en la que se resalten sus sentimientos mientras hace un recuento de los acontecimientos de su vida.
2. Investigue y escriba un informe sobre los filisteos y su papel en la Biblia.

Sugerencia del versículo a memorizar

Vino Yahvé, se paró y llamó como las veces anteriores: "¡Samuel, Samuel!" Respondió

Samuel: "¡Habla, que tu siervo escucha!" (1 Samuel 3,10; BJL).

Lecturas adicionales

Catecismo de la Iglesia Católica, §436, §489 y §2578.

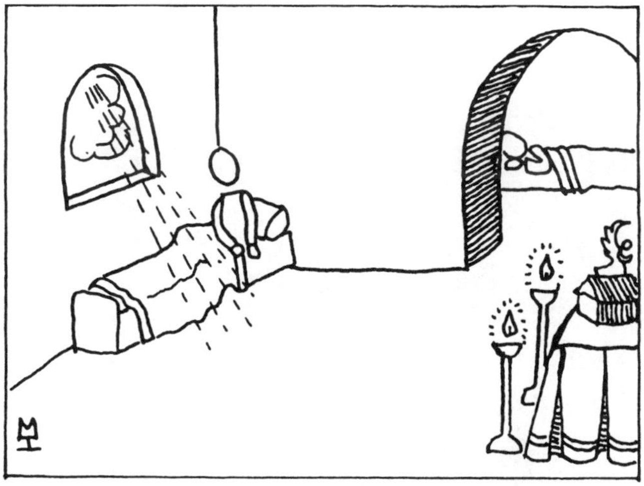

1 Samuel 3,10 "¡Habla, que tu siervo escucha!"

III.4 Saúl y David

Después de haber estudiado esta lección, usted podrá:

1. Apreciar como el trabajo de los arqueólogos bíblicos enriquecen nuestro estudio de la Escritura al darle al texto bíblico un contexto cultural.
2. Identificar a Jonatán, Goliat, Abner, Joab, Abigail, David, Jesé y Abiatar.
3. Relacionar la eleccion de David con historias anteriores donde hay un llamado.
4. Localizar en el mapa Belén, Socó, Gat y Guibeá.

Lecturas

1 Samuel 16—31; 2 Samuel 1
Tábet: Páginas 309–10, 312–15
Diccionario: Artículos: "Arqueología"

Estudio geográfico

Utilizando el mapa de las páginas 18 y 19 de su Atlas localice los siguientes lugares: Belén, Gat, Guibeá y Socó. Sepa que fue lo que ocurrió en cada uno de esos lugares.

Términos importantes

Rey, arqueología, narrar (contar)

Trabajo por escrito

1. Describa como es representado Saúl en cada uno de los siguientes pasajes, anote de manera específica las citas bíblicas.
   a. David en la corte (1 Samuel 16,1–19,7)
   b. La huida de David (1 Samuel 19,8–21,16)
   c. David como criminal (1 Samuel 22,1–26,25)
   d. David entre los filisteos (1 Samuel 27,1–2 Samuel 1,27)
2. a. ¿Qué rasgos de la personalidad de David se dejan ver en 1 Samuel 16—31 y 2 Samuel 1? Anote las citas bíblicas.
   b. ¿Por qué cree usted que Dios escogió a una persona con estas características para que sirviera como rey?
3. Escoja un suceso en estos capítulos que le parezca importante. ¿Qué mensaje para su propia vida encuentra en este suceso?
4. Después de haber leído el artículo en el diccionario sobre arqueología, explique brevemente como la arqueología nos ayuda a entender el Antiguo Testamento.
5. Imagine que usted es reportero de un periódico. Escriba una historia que lleve como encabezado alguno de los siguientes títulos:
   a. El rey Saúl muere como un héroe.
   b. Hombre ejecutado por jactarse de haber matado al rey.
   c. Jonatán jugó un papel secreto en la huida de David.

Sugerencia: quizás le gustaría leer un reportaje del periódico que trate de una historia que se está investigando y así imitar el estilo literario.

SUGERENCIAS ADICIONALES PARA EL ESTUDIANTE

Retos opcionales

1. a. Escriba un discurso fúnebre que pudiera haber sido pronunciado por David en el funeral de Saúl.
   b. Escriba un discurso fúnebre que pudiera haber sido pronunciado por David en el funeral de Samuel.
2. Exprese sus sentimientos sobre alguna parte de estos capítulos en forma de obra de arte original o de un poema.
3. Suponga que usted es David solicitando el empleo de rey de Israel. Escriba su currículum vital (resumen de su experiencia laboral y de su educación).

Sugerencia del versículo a memorizar

Yahvé dijo a Samuel: "no mires su apariencia ni su gran estatura, pues yo lo he descartado. No es como ve el hombre, pues el ve las apariencias, pero Yahvé ve el corazón" (1 Samuel 16,7; BJL).

Lecturas adicionales

Catecismo de la Iglesia Católica, §695.

Libros acerca de la vida de David:

Emiliano Jiménez Hernández, *David, un hombre según el corazón de Dios*, Baracaldo España, Grafite Ediciones, 1998.

Louis de Wohl, *David de Jerusalén*, Buenos Aires, Argentina: Editorial Logos, 2011.

1 Samuel 16,23 "Tomaba David la citara, la tocaba".

III.5
David y Natán

Después de haber estudiado esta lección, usted podrá:

1. Conocer el significado de la alianza davídica.
2. Identificar a Natán, Betsabé, Mical, Isbaal y Urías el hitita.
3. Localizar en el mapa Hebrón y Jerusalén.

Lecturas

2 Samuel 2—12
Tábet: Páginas 315–18
Diccionario: Artículos: "David", "Jerusalén"

Estudio geográfico

Utilizando el mapa de la página 21 de su Atlas localice los siguientes lugares: Jerusalén y el territorio conquistado por David, tal y como se menciona en 2 Samuel 8,1–14.

Términos importantes

Alianza con David, arca de la alianza, Ciudad de David

Trabajo por escrito

1. ¿Cuáles cree usted que fueron las razones que pudo haber tenido David al haber escogido estas ciudades como sus capitales?
   a. Hebrón (Utilice el diccionario para localizar pasajes que ya ha leído este año sobre Hebrón).
   b. Jerusalén
2. Escriba la historia del arca de la alianza incorporando todo lo que ha venido leyendo sobre esta desde el inicio del año (incluyendo lo que actualmente esta leyendo). Utilice el diccionario y citas a pie de página de su Biblia. Anote las citas bíblicas.
3. El Salmo 89 es un reflejo de la promesa hecha a David en 2 Samuel 7.
   a. ¿Qué similitudes encuentra entre 2 Samuel 7 y el Salmo 89? Anote las citas bíblicas.
   b. El Salmo 89 termina de manera desconcertante. ¿Qué cree usted que esto haya dado origen a la composición del Salmo 89,39–52?
   c. ¿Cómo es que el discurso de Pedro en los Hechos de los Apóstoles 2,29–36 refleja la manera en que los cristianos entienden la promesa hecha a David? Sea específico.
4. Tomando en cuenta 2 Samuel 2—12, ¿qué ha aprendido acerca del carácter de David? Anote las citas bíblicas.

Ejercicios Tome nota de en cuantas ocasiones se repite la frase "para siempre" o una expresión parecida en la oración que David pronunció después de haber escuchado el oráculo de Natán (2 Samuel 7,18–29).

SUGERENCIAS ADICIONALES PARA EL ESTUDIANTE

Retos opcionales Escriba un poema o realice una obra de arte original basándose en 2 Samuel 2—12.

Sugerencia del versículo a memorizar Yo seré para él padre, y él será para mí hijo (2 Samuel 7,14a; BJL).

Tu casa y tu reino permanecerán para siempre ante ti, tu trono estará firme, eternamente (2 Samuel 7,16; BJL).

Lecturas adicionales *Catecismo de la Iglesia Católica*, §238, §441 y §709.

M, Cimosa, Mesianismo, en *NDTB*, 170–87 (www.mercaba.org/DicTB/M/mesianismo.htm).

2 Samuel 6,14 "Y bailó David"

III.6 David y Absalón

Después de haber estudiado esta lección, usted podrá:

1. Identificar a Amón, Absalón, Tamar, Adonías, Salomón, Semey y Meribaal.
2. Describir la narración de las sucesiones de los reyes, su probable origen y su propósito o intención.
3. Enumerar los mayores logros de David como rey.
4. Localizar en el mapa Dan y Beerseba.

Lecturas

2 Samuel 13—20; 1 Reyes 1—3
Tábet: Páginas 323–26
Diccionario: Artículos: "Libro de los Reyes", "Dan", "Beerseba"
Lectura complementaria #16: "Auto-examen de mitad del Módulo III"

Estudio geográfico

Utilizando el mapa de la página 21 de su Atlas localice las ciudades que tradicionalmente se conocen como límite del reino de David: Dan y Beerseba.

Términos importantes

Narración de la sucesión de los reyes

Trabajo por escrito

1. Dibuje el árbol genealógico de la familia de David, incluyendo a sus papás, sus esposas y sus hijos. Consulte 1 Samuel 16,1–13; 2 Samuel 3,2–5; 6,23; 12,15–25 y 13,1.
2. a. Además de lo que ya ha aprendido con anterioridad. ¿Qué puede aprender acerca del carácter de David en 2 Samuel 13—20?
   b. ¿Qué opina usted de David como padre?
3. En 2 Samuel 16 y 19 y en 1 Reyes 2 se hace alusión a David y a Semey. ¿Cree usted que fue justificada la maldición que Semey profirió en contra de David? ¿Por qué o por qué no?
4. ¿Qué lección para la vida de hoy podemos encontrar en 2 Samuel 13—20? Anote las citas bíblicas.
5. Escriba una lista de preguntas y respuestas de 2 Samuel que usted cree que serían apropiadas para un examen. (Pueden hacerse en forma de columnas para emparejar, preguntas con respuestas múltiples, crucigrama, o de cualquier otra manera que a usted se le ocurra). Asegúrese de incluir sus respuestas.

Ejercicio Repase lo que ha visto hasta ahora de la historia deuteronomista, tomando el "Auto-examen de mitad de el Módulo III", #16 en las Lecturas complementarias que se encuentran al final de este libro.

SUGERENCIAS ADICIONALES PARA EL ESTUDIANTE

Retos opcionales

1. Lea 2 Samuel 14,1–24 y 20,14–22. Después de haberlo leído, ¿qué imagen se formó de la función que desempeñaba "la mujer astuta" en Israel? Anote las citas bíblicas.
2. Lea 2 Samuel 16,20–23, 2 Samuel 3,6–7 y 1 Reyes 2,13–25. ¿Qué aprende sobre las concubinas en estos pasajes? Utilice el diccionario como apoyo. Anote las citas bíblicas.
3. Utilizando su diccionario determine cuales de estos lugares fueron conquistados por David: Esionguéber, Rabá, Ammon (Jordania), Damasco, Jasor, Ascalón, Acre, Tiro, Betel y Jericó.

Sugerencia del versículo a memorizar [Salomón dijo]: "Concede pues, a tu siervo, un corazón atento para juzgar a tu pueblo, para discernir entre el bien y el mal. Cierto, ¿quién podrá hacer justicia a este pueblo tuyo tan grande?" (1 Reyes 3,9; BJL).

Lecturas adicionales *Catecismo de la Iglesia Católica*, §2579.

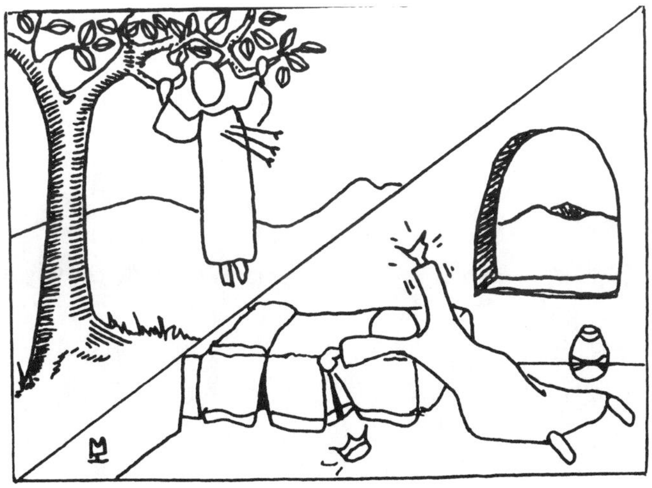

2 Samuel 19,1 "Absalón; hijo mío, hijo mío, Absalón"

III.7
Salomón, el reino dividido, Elías

Después de haber estudiado esta lección, usted podrá:

1. Identificar a la reina de Saba, Roboán, Jeroboán I, Elías, Ajab, Jezebel, la viuda de Sarepta y Nabot.
2. Describir la división del reino que se convierte en Israel en el norte y Judá en el sur.
3. Localizar en el mapa Tiro, Dan, Betel, Siquén, Penuel y el monte Carmelo.

Lecturas

1 Reyes 8—12; 17—21; 2 Reyes 1—2
Diccionario: Artículos: "Templo", "Templo de Salomón"
Lectura Complementaria #17: "Elías: un fanático del Señor"

Estudio geográfico

Utilizando el mapa de la página 22 de su Atlas:

a. Localice Tiro, de cuyo rey Jirán, Salomón compró madera de ciprés.
b. Trace los límites de Israel y Judá.
c. Localice Siquén, Penuel, Betel y Dan, que fueron ciudades importantes durante el reinado de Jeroboán I.
d. Localice el monte Carmelo, donde Elías se enfrentó a los sacerdotes de Baal.

Términos importantes

Reino del norte (Israel), reino del sur (Judá), Baal, Templo de Salomón

Trabajo por escrito

1. a. ¿Cómo es que Salomón, quien inició su reinado de un modo tan prometedor, lo terminó de manera tan mala? Anote las citas bíblicas.
   b. ¿Cree usted que Salomón es responsable de la división del reino? ¿Por qué o por qué no?
2. a. Mencione algunos datos significativos de Roboán y de Jeroboán I que fuesen importantes para usted si tuviera que vivir en el reino del norte (Israel) o en el reino del sur (Judá). Anote las citas bíblicas.
   b. ¿A dónde se iría a vivir? ¿Por qué? Sea específico.
3. Jeroboán I construyó Siquén y Penuel e hizo de Dan y Betel sitios sagrados. ¿Qué sucesos del pasado contribuyeron a que Siquén, Penuel, Dan y Betel fuesen importantes? Si es necesario use el diccionario. Anote las citas bíblicas.
4. Imagínese que usted es Eliseo y que acaba de ver como Elías asciende al cielo y alguien le pregunta: ¿quién era ese? ¿Cómo describiría a Elías y su importancia? Anote las citas bíblicas.

5. Lucas piensa que Jesús es un profeta como Elías. ¿En que pasajes de Elías estaría pensando Lucas cuando escribió: Lucas 4,25–26, Lucas 7,11–17 y Lucas 9,61–62? Anote las citas bíblicas.
6. Explique al menos una idea que usted haya aprendido de su lectura de Tábetque le haya ayudado a entender las escrituras de una forma más plena.

SUGERENCIAS ADICIONALES PARA EL ESTUDIANTE

Retos opcionales

1. Escriba un poema o dibuje un retrato de Elías.
2. a. Utilizando las indicaciones que se dan en el texto bíblico que leyó, dibuje un plano del Templo de Salomón, o de alguna parte de este.
   b. Basándose en la configuración arqueológica del Templo ya contestada en la pregunta 2a, ¿qué parte del templo cree usted que se consideraba la más importante? Explique.

Sugerencia del versículo a memorizar

Entonces Yahvé pasó y hubo un huracán tan violento que hendía las montañas y quebraba Las rocas anteYahvé; pero en el huracán no estaba Yahvé. Después del huracán, un terremoto;pero en el terremoto no estaba Yahvé. Después del terremoto, fuego, pero en el fuego no estaba Yahvé. Después del fuego, el susurro de una brisa suave (1 Reyes 19,11b–12; BJL).

Lecturas adicionales

Catecismo de la Iglesia Católica, § 2580-§2584.

1 Reyes 10,1–2 La reina de Saba visita a Salomón.

III.8 Eliseo y la profecía bíblica

Después de haber estudiado esta lección, usted podrá:

1. Identificar a Eliseo, Naamán, la mujer sulamita y Atalía.
2. Distinguir entre los profetas anteriores y los profetas posteriores.
3. Saber cual era el papel de los profetas en Israel.
4. Localizar en el mapa Sunén, Aram (Siria) y Samaria.

Lecturas

2 Reyes 3—13
Tábet: Páginas 326–30
Diccionario: Artículos: "Profeta", "Profecía"

Estudio geográfico

Utilizando los mapas de las páginas 22 y 23 de su Atlas localice los siguientes lugares: Sunén, Aram (Siria) y Samaria.

Términos importantes

Profecía bíblica

Trabajo por escrito

1. Elías y Eliseo eran personajes muy conocidos por Jesús y los autores del Nuevo Testamento.
   a. ¿Qué rasgos comunes encuentra entre 2 Reyes 4,42–44 y Juan 6,5–15? Anote las citas bíblicas.
   b. Lea Mateo 3,1–12, 11,7–15 y 17,9–13. ¿Qué rasgos comunes encuentra entre Elías y Juan Bautista? Sea muy específico y anote las citas bíblicas tanto del Antiguo Testamento como del Nuevo Testamento.
2. a. ¿Qué poderosas hazañas realiza el profeta Eliseo en 2 Reyes 4? Anote las citas bíblicas.
   b. ¿Qué le dicen estas acciones acerca de Dios y de los profetas de Dios?
3. Describa la fe de cada uno de los siguientes personajes de la historia de Naamán (2 Reyes 5). Anote las citas bíblicas.
   a. La sirvienta de la esposa de Naamán
   b. Naamán
   c. El Rey de Aram
   d. El Rey de Israel
   e. Eliseo
   f. Guejazí
4. Usando los apuntes de clase, los artículos del diccionario y de Tábet:
   a. Describa el sentido bíblico de lo que es un profeta.
   b. Compare y contraste a los profetas anteriores con los profetas posteriores.

5. a. ¿Qué personas en su vida personal o en su comunidad han sido profetas para usted?
   b. ¿Qué influencia tuvieron o no tuvieron en usted?

Ejercicio Repase lo que ha visto hasta ahora de la historia deuteronomista, tomando el "Auto-examen de mitad del Módulo III", #16 en las Lecturas complementarias que se encuentran al final de este libro.

SUGERENCIAS ADICIONALES PARA EL ESTUDIANTE

Retos opcionales

1. Después de haber leído 2 Reyes 3—13, ¿qué opinión se ha formado usted sobre la relación entre los reyes, profetas y sacerdotes? Anote las citas bíblicas.
2. ¿Qué ha aprendido en 2 Reyes 3—13 acerca de las comunidades de los profetas? Anote las citas bíblicas. (Es seguramente en estas comunidades donde las historias de Elías y Eliseo fueron preservadas).
3. Cree una línea cronológica que le será útil en su estudio del Antiguo Testamento.

Sugerencia del versículo a memorizar Iban caminando y hablando, y de pronto un carro de fuego con caballos de fuego los separó a uno del otro. Elías subió al cielo en la tempestad (2 Reyes 2,11; BJL).

Lecturas adicionales *Catecismo de la Iglesia Católica*, §522, §702 y §2684.

Carlo Maria Martíni, *El Dios viviente: Reflexiones sobre el profeta Elías*, Editorial EDICEP, Valencia, 1990.

2 Reyes 2,11 Elías fue arrebatado en un torbellino hacia el cielo

III.9
La caída del reino del norte y del reino del sur; la deportación

Después de haber estudiado esta lección, usted podrá:

1. Identificar a Ezequías, Josías, Isaías Jeremías, Joaquín, Senaquerib, Nabucodonosor, Juldá y Jelcías.
2. Entender la importancia que tienen para la historia de Israel la reforma de Josías y del Exilio a Babilonia.
3. Describir la caída de ambos reinos, el del norte y el del sur y saber la interpretación deuteronomista de estos hechos.
4. Localizar en el mapa el Imperio Asirio, el Imperio Babilónico y Babilonia.

Lecturas

2 Reyes 17—25
Tábet: Páginas 330–39
Diccionario: Artículo: "Deportación a Babilonia", "Samaritanos"

Estudio geográfico

Utilizando Utilizando los mapas de las páginas 24 y 25 de su Atlas delinee el perímetro del Imperio Sirio y del Babilónico. También localice las ciudades de Nínive y Babilonia.

Términos importantes

Deportación a Babilonia, reforma de Josías

Trabajo por escrito

1. a. Según el historiador deuteronomista:
   i. ¿Cuál fue el motivo por el cual los asirios invadieron Israel? Anote las citas bíblicas.
   ii. ¿Qué pecados cometió Israel por los cuales permitió Dios que fuera destruido por los asirios? Anote las citas bíblicas.

   b. ¿Piensa usted que Dios permitió que Israel fuese destruido por haber pecado o el historiador deuteronomista trata de explicar de una manera teológica la caída del reino del norte? Diga los motivos que le llevaron a dar esa respuesta.
2. a. ¿Cuál es el origen del los samaritanos tal y como lo describe el historiador deuteronomista? Anote las citas bíblicas.

   b. Utilizando el diccionario, ¿qué cosas nuevas aprendió sobre los samaritanos?
3. a. Describa la relación entre Ezequías e Isaías. Anote las citas bíblicas.

   b. ¿Cómo le ayuda esto a entender el papel que los profetas tenían durante el período de la monarquía?

4. a. Describa las reformas de Josías. Anote las citas bíblicas.
   b. ¿Qué similitudes encuentra entre el Concilio Vaticano II y la reforma de Josías? Dé ejemplos.
5. Imagínese que usted vive en Jerusalén durante la época de su destrucción y el exilio. Escriba una carta a un amigo describiendo sus experiencias y sus sentimientos sobre los hechos que ocurren.

SUGERENCIAS ADICIONALES PARA EL ESTUDIANTE

Retos opcionales

1. Encuentre en 2 Reyes 17—25 ejemplos de la preocupación que tenía el historiador deuteronomista acerca de los siguientes temas: recompensa y castigo, la tierra, profecía, la alianza y la fidelidad a la ley. Anote las citas bíblicas.
2. a. Señale pasajes en 2 Reyes 17—25 en que se advierta la lucha internacional que se sostenía entre Egipto y Asiria o entre Egipto y Babilonia.
   b. Israel y Judea eran unas pequeñas naciones localizadas en el medio de estos conflictos. Busque en su mapa el porqué de esta situación. Después describa la situación geopolítica de la época tal como usted la entiende. Anote las citas bíblicas.

Sugerencia del versículo a memorizar

[Ezequías] puso su confianza en Yahvé, Dios de Israel, y no hubo entre todos los reyes de Judá ninguno semejante a él, ni antes ni después de él (2 Reyes 18,5; BJL).

Lecturas adicionales

Catecismo de la Iglesia Católica, §710.

La destrucción de Jerusalén

III.10
Repaso final del primer año

Usted será capaz de:

1. Escribir los nombres de los libros de la historia deuteronomista, sin errores ortográficos y en el orden correcto y describir la teología básica del historiador deuteronomista.
2. Conocer la cronología de la historia que hemos estudiado hasta ahora. No es importante saber las fechas, pero sí es importante el saberse el orden en el cual los personajes y eventos importantes ocurren (por ejemplo, Elías viene después Natán, Abrahán viene antes de Moisés; David es primero que Ezequías).
3. Saberse de memoria un versículo que se haya estudiado en el módulo.
4. Identificar las siguientes personas, lugares y términos:

PERSONAS		LUGARES	TÉRMINOS
		(Sea capaz de identificar y a la vez localizar en el mapa, utilice la Lectura complementaria #18 para estudiar la localización).	
Josué	Absalón	Aram (Siria)	Alianza con David
Débora	Adonías	Babilonia	Arca de la alianza
Barac	Salomón	Beerseba	Arqueología
Yael	Semey	Belén	Baal
Gedeón	Reina de Saba	Betel	Ceremonia de renovación de la alianza
Jefté	Roboán	Dan	Ciudad de David
Sansón	Jeroboán I	Gaza	Decir (contar)
Filisteos	Elías	Hebrón	Deportación a Babilonia
Dalila	Ajab	Imperio Asirio	Él ungido
Ana	Jezabel	Imperio Babilónic	Historia deuteronomista
Elí	Viuda de Sarepta	Jerusalén	Juez
Samuel	Eliseo	Mar de Galilea	La caída de Israel en manos de Asiría
Saúl	Naamán	Mar Mediterráneo	La caída de Judá en manos de Babilonia
Jesé	Mujer sunamita	Mar Muerto	Líder carismático
David	Atalía	Nínive	Monarquía
Goliat	Asirios	Región de Tras	Narración de la sucesión
Jonatán	Senaquerib	Jordania	Profecía bíblica
Mical	Ezequías	Reino del norte	Reino del norte (Israel)
Abner	Isaías	Reino del sur	Reino del sur (Judea)
Joab	Josías	Rió Jordán	Rey
Abigail	Jelcías	Samaria	Templo de Salomón
Natán	Jeremías	Silo	Tierra prometida
Betsabé	Babilonios	Tiro	Voto de Nazireato
Urías el hitita	Nabucodonosor		
Isbaal	Jeconías		
Amnón	Sedecías		
Tamar			

Manifieste su aprecio a los miembros de su grupo de estudio

1. Seleccione el nombre de una persona de su grupo de estudio.
2. Asegúrese de que cada persona del grupo haya elegido un nombre. Favor de contactar a las personas ausentes.
3. Escriba un breve testimonio sobre el don que ha traído la presencia de esa persona al grupo durante el año. Quizás el mensaje de Pablo a los Efesios (4,25–32 en parte) le pueda servir como guía para formular su testimonio:

   Por tanto, desechando la mentira, hablad con verdad cada cual con su prójimo, pues somos miembros los unos de los otros...No salga de vuestra boca palabra dañosa, sino la que sea conveniente para edificar según la necesidad y hacer el bien a los que os escuchen...Sed más bien buenos entre vosotros, entrañables, perdonándoos mutuamente como os perdonó Dios en Cristo.

4. La siguiente semana lleve a clase su testimonio y compártalo con el grupo. Después de haberlo compartido con el grupo, entrégueselo a la persona sobre la cual usted escribió.

   Ya que el próximo año usted va a estar en un grupo diferente, este es el momento para reflexionar y comprender como durante este año su jornada de fe se ha visto enriquecida gracias a su estudio personal y al trabajar semana tras semana en conjunto con su grupo. Guarde en su corazón las palabras del episcopado americano en su carta sobre la evangelización: *Vayan y Hagan Discípulos* (1992):

   La conversión es el cambio de nuestra vida la cual se hace realidad a través del poder del Espíritu Santo. Todos aquellos que aceptamos el Evangelio sufrimos cambios a medida que nos revestimos con la mente de Cristo al rechazar el pecado y nos convertimos en más fieles discípulos en su Iglesia. Si no experimentamos conversión, no hemos aceptado realmente el Evangelio.

Lecturas complementarias

En esta sección usted encontrará las lecturas sugeridas para utilizarse al contestar las preguntas de tarea. El índice temático que se encuentra a continuación muestra las lecturas y en que tarea se utilizarán.

#1.
Elegir una traducción de la Biblia

Para aquellas personas que quieren estudiar las Escrituras de una manera seria, es esencial que tengan una buena traducción de la Biblia. Ya que no hay ningún idioma que exprese las realidades de la misma manera que el otro, la exactitud se ve alterada. Por lo tanto cada traducción será la interpretación del traductor y será redactada de acuerdo con lo que percibe elpasaje determinado quería decir.

La traducción que será más útil para el estudio es aquella que tenga una traducción más precisa, citas a pie de página, referencias, introducciones, etcétera, ya que esto ayudara a descifrar el pasaje. Nosotros recomendamos las siguientes traducciones para nuestros estudiantes.

Sagrada Bibla: Nuevo Testamento (2008)

Con el Nuevo Testamento se termina la colección de la Sagrada Biblia: Pentateuco, libros históricos, libros poéticos y sapienciales, libros proféticos y el Nuevo Testamento. Este volumen, como los anteriores, es bilingüe, en castellano y latín, con notas, aclaraciones y referencias. Se ofrece esta edición castellana, en lenguaje fluido e inteligible para cualquier lector. Esta edición ha sido preparada por profesores de la Facultad de Teología de la Universidad de Navarra.

Biblia de oración con método de lectio divina (2007)

Se trata de la nueva edición revisada de la traducción castellana de la Biblia publicada con el título "Dios habla hoy" de Sociedades Bíblicas Unidas, que incluye todos los libros aceptados por la Iglesia católica, en el orden alejandrino, con notas explicativas y pastorales en las que también han colaborado algunos biblistas católicos. La novedad de esta edición la constituyen las pautas de oración y meditación que acompañan algunos textos de cada libro de la Biblia (*lectio divina*), preparadas por el Centro Bíblico Pastoral para América Latina (CEBIPAL), institución del Consejo Episcopal Latinoamericano (CELAM), pensando en el servicio de la Palabra de Dios para todos los cristianos. En su presentación de esta Biblia el obispo auxiliar de Valparaíso y responsable del CEBIPAL, Mons. Santiago Silva, afirma que estas pautas "además de ayudarnos a entender el texto bíblico, permiten saborear la Sagrada Escritura como Palabra de Dios. En ella Él sale a nuestro encuentro, para entrar en diálogo con nosotros y para ayudarnos a moldear una vida que cada vez más se parezca a la de Cristo".

La Biblia de nuestro pueblo (2006)

Esta versión de la Sagrada Escritura es una versión para América Latina de *La Biblia del peregrino* de Luis Alonso Schökel. Esta versión se ha acomodado al español latinoamericano, adaptando sus giros y modismos más particulares, se ha prestado una particular atención al texto mismo, teniendo en cuenta los últimos avances en los estudios bíblicos, exegéticos, afinando la traducción allí donde se ha visto necesario. Los comentarios que se añaden al texto se han hecho pensando en la mayoría de los creyentes y con la intención concreta de acrecentar a la comprensión del lector el sentido de cada libro en su totalidad.

La Biblia católica para jóvenes (2005)

Ha sido creada con el fuerte deseo de iniciar, apoyar y nutrir una pastoral bíblica juvenil entre los jóvenes católicos en todo el continente americano. Es el recurso por excelencia de la iniciativa de fe y fida en el ministerio pastoral bíblico. Su objetivo principal es guiar al joven de habla hispana a "conocer la Palabra de Dios, orar con ella, y vivirla desde su corazón".

Biblia de Jerusalén Latinoamericana (2003)

Por primera vez una edición de la *Biblia de Jerusalén* introduce en su texto el lenguaje propio de América Latina. Dos grupos de expertos, uno de la Universidad Pontificia de México y otro de especialistas colombianos y argentinos, han revisado toda la edición introduciendo las adaptaciones necesarias para hacer el mensaje bíblico más comprensible a los lectores latinoamericanos.

La Nueva Biblia de Jerusalén (1998)

Esta nueva edición en español de la *Biblia de Jerusalén* condensa el resultado de los últimos cien años de investigación y resulta más próxima a los textos originales (hebreo, griego y arameo), a la vez que consigue un estilo más agradable para la lectura. Esta tercera edición se beneficia de los estudios e investigaciones de la Escuela Bíblica y Arqueológica de Jerusalén y de los exegetas que forman el nuevo equipo de traductores de la *Biblia de Jerusalén* en español.

La Biblia de América (1994)

Trabajo realizado por un prestigioso equipo de 40 biblistas españoles y latinoamericanos, que incorpora los avances de la investigación bíblica de los últimos años y aplica las nuevas aportaciones de la lingüística a la traducción de los textos antiguos. Es publicada por La Casa de la Biblia.

No se recomienda su estudio

No recomendamos ediciones antiguas ya que su traducción no es tan precisa y el lenguaje que utiliza es antiguo.

#2. Mitos sobre la Creación en otras culturas

Indios Wijot

El Hombre Anciano de arriba no usó
tierra y palos para crear a los hombres.
Simplemente pensó, y allí estaban.

Indios Apaches Jacarilla

Perro andaba con el Creador. Donde quiera que él iba, Perro iba y miraba todo lo que hacía. Cuando el Creador terminaba un proyecto y continuaba con el siguiente, Perro también iba.

"¿Te vas a quedar por aquí todo el tiempo?", dijo el Perro.

"¿O tendrás que irte?"

"Pues, tal vez algún día tendré que vivir lejos de aquí", dijo el Creador.

"Entonces Abuelo, ¿me harás un compañero?" Así que el Creador se tiró al suelo.

"Dibuja con tu pata una línea al rededor mío" dijo el Creador. Así es que el Perro arañó una línea sobre la tierra alrededor del gran Creador. El Creador se levantó y la miró. "Aléjate un poco y no mires" dijo. El Perro se alejó un poco. Después de unos momentos, miró. "Hay alguien recostado donde tu estabas Abuelo".

"Date la vuelta y camina más lejos", dijo el Creador. El Perro obedeció. Finalmente el Creador llamó al Perro. "Ahora puedes mirar", dijo él.

"O Abuelo, se mueve", exclamó gustoso el Perro. Así es que se pararon junto al hombre, y le echaron un vistazo. "Bastante bien", dijo el Creador.

"Es maravilloso", dijo el Perro.

El Creador se puso detrás del hombre y lo levantó, a que quedara parado sobre sus pies. "Levanta un pie", le dijo. "Camina, haz esto". Y el hombre caminó. "Ahora corre", dijo el Creador. Agarró al hombre y le enseño como correr. El hombre corrió.

"Habla", dijo el Creador. Pero el hombre no dijo nada. Cuatro veces el Creador le dijo al hombre que hablara. "Pronuncia palabras", le dijo. Finalmente, el hombre pronunció palabras. Habló. "Ahora grita", le dijo el Creador. Él mismo dio un gran grito y le enseñó al hombre como hacerlo. El hombre gritó.

"¿Qué más?", dijo el hombre.

El Creador pensó por un momento: "Ríe", le dijo. "Ríe, ríe, ríe". Entonces el hombre se rió.

El Perro se alegró al oír al hombre reír. Saltó sobre él, se echó a correr un poco y volvió corriendo y saltó sobre él. Continúo saltando sobre él tal y como lo hacen los perros hoy en día cuando están llenos de amor y alegría. El hombre rió y rió. "Ahora estás listo para vivir", dijo el Creador. Y el hombre se marchó con su perro.

Tribu Shilluk de África

El creador Juok formó a todos los hombres de barro, y mientras se ocupaba del trabajo de crear, rondó por toda la tierra.

En la tierra de los blancos encontró una tierra o arena blanca pura, y de esta formó a los hombres blancos. Después llegó a la tierra de Egipto y del lodo del Nilo creó hombres de color rojo o café. Finalmente, llegó a la tierra de los Shilluks y encontrando allí tierra negra, creó de ella hombres negros.

La manera en que formaba a los hombres era así. Tomó un terrón y se dijo a sí mismo: "Haré un hombre pero tendrá que caminar y correr y salir a los campos, así que le daré dos piernas como las de los flamingos".

Habiendo hecho esto pensó de nuevo, "El hombre deberá de ser capaz de cultivar su maíz, así que le daré dos brazos, uno para sostener el azadón, y el otro para quitar las malas hierbas". Así que le dio dos brazos.

Volvió a pensar, y se dijo a sí mismo: "El hombre tendrá que ser capaz de ver su maíz, así que le daré dos ojos". Y así lo hizo.

Después pensó para sí mismo: "El hombre tendrá que ser capaz de comer su maíz, así que le daré una boca". Y le dio una boca.

Después de esto, pensó para sí mismo: "El hombre tendrá que ser capaz de bailar y hablar y cantar y gritar y por estas razones necesita una lengua. Y una lengua le dio.

Por fin la deidad se dijo a sí mismo: "El hombre tendrá que ser capaz de escuchar el ruido del baile y la voz de grandes hombres, y para eso necesita dos oídos. Así que le dio dos oídos, y lo mandó al mundo, como un hombre perfecto.

Mito de la Creación de los aborígenes australianos (una parte)

Había una vez cuando todo estaba tranquilo. Todos los espíritus de la tierra estaban dormidos—o casi todos. El gran Padre de todos los espíritus era el único que estaba despierto. Suavemente despertó a la Madre Sol. Al abrir ella los ojos irradió un cálido rayo de luz sobre la tierra que dormía. El Padre de todos los Espíritus dijo a la Madre Sol: "Madre, tengo un encargo para ti. Baja a la Tierra y despierta a los espíritus que están dormidos. Dales forma".

La Madre Sol brilló hacia la Tierra, que en ese tiempo estaba desierta y empezó a caminar hacia todas direcciones y en cada sitio por el que caminaba crecían las plantas. Después de haber regresado al campo donde había iniciado su trabajo, contenta con ella misma, la Madre descansó. El Padre de todos los Espíritus bajó y vio el trabajo que había realizado y le mando que entrase a todas las cuevas y despertase a los espíritus.

La Madre se animó a entrar a una cueva muy profunda, distribuyendo a su alrededor su luz. Su calor derretía el hielo, y los ríos y arroyuelos del mundo fueron creados. Después ella creo los peces y a las pequeñas víboras, las lagartijas y las ranas. Después, despertó a los espíritus de los animales y de los pájaros, quienes al entrar en contacto con el sol brillaron con una variedad de colores gloriosos. Viendo esto el Padre de todos los Espíritus se regocijó con el trabajo de la Madre Sol.

Ella llamó a todas sus criaturas que fuesen hacia ella y las aleccionó para que gozaran la riqueza de la tierra y para que viviesen pacíficamente unas con otras. Después ella ascendió al cielo y se convirtió en el sol.

En un principio los hijos vivían juntos de manera pacífica, pero, eventualmente la envidia se apoderó de sus corazones. Empezaron a discutir. La Madre Sol se vio forzada a descender desde su casa en el cielo para actuar como mediadora en la discusión. Ella le dio el poder a cada criatura para que cambiasen su forma por la que ellos escogiesen. Sin embargo, a ella no le pareció el resultado final. Las ratas que ella había hecho se cambiaron a murcielagos; había lagartijas gigantes y peces con lengua azul y pies. Sin embargo, el más extraño de los nuevos animales era un animal que tenía el pico como pato, dientes para masticar, una cola como los castores y la capacidad para poner huevos. Se le llamó el ornitorrinco.

La Madre Sol volvió su mirada a la Tierra y consideró la necesidad de crear nuevas criaturas para que el Padre de todos los Espíritus no se enojase al ver lo que ella estaba contemplando. Dio a luz a dos hijos. El dios era la Estrella de la Mañana y la diosa era la Luna. Dos hijos nacieron de ellos y ella los mandó a la Tierra. Ellos son nuestros antepasados. Ella los hizo superiores que a los animales porque tenían una parte de su mente y nunca querrían cambiar de forma.

Mito de la Creación japonesa

Hace mucho tiempo, los elementos estaban mezclados entre sí, formando un único germen vivo. Este germen empezó a mezclar las cosas de un lado a otro hasta que la parte más pesada se hundió y la parte más ligera ascendió. Se creo un mar lodoso que cubrió a la Tierra entera. De este océano germinó un retoño verde. Este creció y creció hasta que llegó a las nubes y ahí se transformó en un dios. Pronto, este dios se sintió solo y empezó a crear otros dioses. Los dos últimos dioses que hizo: Izanagi e Izanami, eran los más extraordinarios.

Un día mientras caminaban, miraron hacia abajo y vieron el océano y se preguntaron que habría en las profundidades de este. Izanagi introdujo su bastón en las aguas y al retirarlo algunos pedazos de lodo se cayeron sobre el océano. Estos fueron creciendo y endureciéndose y así se formaron las islas de Japón.

Ambos descendieron a estas islas y empezaron a explorarlas, cada uno yendo por diferente camino. Crearon todo tipo de plantas. Cuando se volvieron a encontrar decidieron casarse y tener hijos que habitaran la tierra. El primer hijo que dio a luz Izanami fue una niña que irradiaba belleza. Los dioses decidieron que era demasiado bonita para vivir en Japón, así que la pusieron en el cielo y se convirtió en el sol. La segunda hija, Tsuki-yami, se convirtió en la luna y el tercero, que era un hijo desobediente, llamado Sosano-wo, fue sentenciado al mar, donde crea tormentas.

Más tarde, su hija mayor, Amaterasu, dio a luz un hijo que se convirtió en el emperador de Japón, y desde entonces los emperadores se han proclamado hijos del sol.

#3.
Interpretación fundamentalista

Tomado de *La Interpretación de la Biblia en la Iglesia*

La lectura fundamentalista parte del principio de que, siendo la Biblia palabra de Dios inspirada y exenta de error, debe ser leída e interpretada literalmente en todos sus detalles. Por "interpretación literal" entiende una interpretación primaria, literalista, es decir, que excluye todo esfuerzo de comprensión de la Biblia que tenga en cuenta su crecimiento histórico y su desarrollo. Se opone, pues, al empleo del método histórico-crítico, así como de todo otro método científico para la interpretación de la Escritura.

La lectura fundamentalista tuvo su origen en la época de la reforma, en una preocupación de fidelidad al sentido literal de la Escritura. Después del Siglo de las Luces, se presentaba, en el protestantismo, como una protección contra la exégesis liberal. El término "fundamentalista" se relaciona directamente con el Congreso Bíblico Americano tenido en Niágara, en el estado de New York, en 1895. Los exegetas protestantes conservadores definieron allí "cinco puntos de fundamentalismo": la inerrancia verbal de la Escritura, la divinidad de Cristo, su nacimiento virginal, la doctrina de la expiación vicaria, y la resurrección corporal en la segunda venida de Cristo. Cuando la lectura fundamentalista de la Biblia se propagó en otras partes del mundo, dio origen a otros tipos de lecturas, igualmente "literales", en Europa, Asia, África y América del Sur. Este género de lectura encuentra cada vez más adeptos, a finales del siglo XX, en grupos religiosos y sectas, pero también entre los católicos.

Aunque el fundamentalismo tenga razón de insistir sobre la inspiración divina de la Biblia, la inerrancia de la palabra de Dios, y las otras verdades bíblicas incluidas en los cinco puntos fundamentales, su modo de presentar estas verdades se enraiza en una ideología que no es bíblica, a pesar de cuanto digan sus representantes. Ella exige una adhesión incondicionada a actitudes doctrinarias rígidas e impone, como fuente única de enseñanza sobre la vida cristiana y la salvación, una lectura de la Biblia que rehúsa todo cuestionamiento y toda investigación crítica.

El problema de base de esta lectura fundamentalista es que, rechazando tener en cuenta el carácter histórico de la revelación bíblica, se vuelve incapaz de aceptar plenamente la verdad de la encarnación misma. El fundamentalismo rehuye la relación estrecha de lo divino y de lo humano en las relaciones con Dios. Rechaza admitir que la palabra de Dios inspirada se ha expresado en lenguaje humano, y que ha sido escrita, bajo la inspiración divina, por autores humanos, cuyas capacidades y posibilidades eran limitadas. Por esto, tiende a tratar el texto bíblico como si hubiera sido dictado palabra por palabra por el Espíritu, y no llega a reconocer que la palabra de Dios ha sido formulada en un lenguaje y en unas fraseologías condicionadas por tal o cual época. No concede ninguna atención a las formas literarias, y a los modos humanos de pensar presentes en los textos bíblicos, muchos de los cuales son el fruto de una elaboración que se ha extendido por largos períodos de tiempo, y lleva la marca de situaciones históricas bastante diversas.

El fundamentalismo insiste también, de un modo indebido, sobre la inerrancia de los detalles en los textos bíblicos, especialmente en materia de hechos históricos, o de pretendidas verdades científicas. Frecuentemente considera como histórico lo que no tenía pretensión de historicidad, porque incluye en tal categoría cuanto es referido o narrado con verbos en pretérito, sin la atención necesaria a la posibilidad de un sentido simbólico o figurativo.

El fundamentalismo tiene frecuentemente la tendencia a ignorar o negar los problemas que el texto bíblico presenta en la formulación hebrea, aramea o griega. Está frecuentemente ligado a una traducción determinada, antigua o moderna. Omite igualmente considerar las "relecturas" de ciertos pasajes en el interior mismo de la Biblia.

En lo que concierne a los evangelios, el fundamentalismo no tiene en cuenta el crecimiento de la tradición evangélica, sino que confunde ingenuamente el estadio final de esta tradición (lo que los evangelistas han escrito) con el estadio inicial (las acciones y las palabras de Jesús en la historia). Descuida por eso mismo un dato importante: el modo como las primeras comunidades cristianas han comprendido el impacto producido por Jesús de Nazaret y su mensaje. Ahora bien, éste es un testimonio de origen apostólico de la fe cristiana y su expresión directa. El fundamentalismo desnaturaliza así la llamada lanzada por el evangelio mismo.

El fundamentalismo tiene tendencia también a una gran estrechez de puntos de vista, porque considera conforme a la realidad una cosmología antigua superada, solamente porque se encuentra expresada en la Biblia. Esto impide el diálogo con una concepción más amplia de las relaciones entre la cultura y la fe. Se apoya sobre una lectura no crítica de algunos textos de la Biblia para confirmar ideas políticas y actitudes sociales marcadas por prejuicios, racistas, por ejemplo, y completamente contrarias al evangelio cristiano.

Finalmente, en su fijación sobre el principio de "sola Scriptura", el fundamentalismo separa la interpretación de la Biblia de la Tradición guiada por el Espíritu, que se desarrolla auténticamente en conexión con la Escritura en el seno de la comunidad de fe. Le falta reconocer que el Nuevo Testamento ha tomado forma en el interior de la Iglesia cristiana, y que es Sagrada Escritura de esta Iglesia, cuya existencia ha precedido a la composición de sus textos. El fundamentalismo, por ello, es frecuentemente antieclesial: desprecia los credos, los dogmas y las prácticas litúrgicas que se han vuelto parte de la tradición eclesiástica, así como la función de enseñanza de la misma Iglesia. Se presenta como una forma de interpretación privada, que no reconoce que la Iglesia ha sido fundada sobre la Biblia, y nutre su vida y su inspiración en las Escrituras.

El acercamiento fundamentalista es peligroso, porque seduce a las personas que buscan respuestas bíblicas a sus problemas vitales. Puede engañarlas, ofreciéndoles interpretaciones piadosas pero ilusorias, en lugar de decirles que la Biblia no contiene necesariamente una respuesta inmediata a cada uno de sus problemas. El fundamentalismo invita tácitamente a una forma de suicidio del pensamiento. Ofrece una certeza falsa, porque confunde inconscientemente las limitaciones humanas del mensaje bíblico con su sustancia divina.

—Pontificia Comision Bíblica, 1993, Sección I.F

#4.
Pasajes escogidos de *Dei Verbum*

Constitución Dogmática sobre la Divina Revelación, Promulgada solemnemente por Su Santidad Pablo VI, el 18 de noviembre de 1965

10. La Sagrada Tradición, pues, y la Sagrada Escritura constituyen un solo depósito sagrado de la palabra de Dios, confiado a la Iglesia; fiel a este depósito todo el pueblo santo, unido con sus pastores en la doctrina de los Apóstoles y en la comunión, persevera constantemente en la fracción del pan y en la oración (cf. Hechos 8,42), de suerte que prelados y fieles colaboran estrechamente en la conservación, en el ejercicio y en la profesión de la fe recibida.[1]

Pero el oficio de interpretar auténticamente la palabra de Dios escrita o transmitida[2] ha sido confiado únicamente al Magisterio vivo de la Iglesia,[3] cuya autoridad se ejerce en el nombre de Jesucristo. Este Magisterio, evidentemente, no está sobre la palabra de Dios, sino que la sirve, enseñando solamente lo que le ha sido confiado, por mandato divino y con la asistencia del Espíritu Santo la oye con piedad, la guarda con exactitud y la expone con fidelidad, y de este único depósito de la fe saca todo lo que propone como verdad revelada por Dios que se ha de creer.

Es evidente, por tanto, que la Sagrada Tradición, la Sagrada Escritura y el Magisterio de la Iglesia, según el designio sapientísimo de Dios, están entrelazados y unidos de tal forma que no tiene consistencia el uno sin el otro, y que, juntos, cada uno a su modo, bajo la acción del Espíritu Santo, contribuyen eficazmente a la salvación de las almas.

Capítulo III: Inspiración divina de la Sagrada Escritura y su interpretación

Se establece el hecho de la inspiración y de la verdad de la Sagrada Escritura

11. Las verdades reveladas por Dios, que se contienen y manifiestan en la Sagrada Escritura, se consignaron por inspiración del Espíritu Santo. La santa Madre Iglesia, según la fe apostólica, tiene por santos y canónicos los libros enteros del Antiguo y Nuevo Testamento con todas sus partes, porque, escritos bajo la inspiración del Espíritu Santo, tienen a Dios como autor y como tales se le han entregado a la misma Iglesia.[4] Pero en la redacción de los libros sagrados, Dios eligió a hombres, que utilizó usando de sus propias facultades y medios,[5] de forma que obrando El en ellos y por ellos,[6] escribieron, como verdaderos autores, todo y sólo lo que El quería.[7]

Pues, como todo lo que los autores inspirados o hagiógrafos afirman, debe tenerse como afirmado por el Espíritu Santo, hay que confesar que los libros de la Escritura enseñan firmemente, con fidelidad y sin error, la verdad que Dios quiso consignar en las sagradas letras que nuestra salvación.[8] Así, pues, "toda la Escritura es divinamente inspirada y útil para enseñar, para argüir, para corregir, para educar en la justicia, a fin de que el hombre de Dios sea perfecto y equipado para toda obra buena" (2 Tim 3,16–17).

CÓMO HAY QUE INTERPRETAR LA SAGRADA ESCRITURA

12. Habiendo, pues, hablando dios en la Sagrada Escritura por hombres y a la

manera humana,[9] para que el intérprete de la Sagrada Escritura comprenda lo que El quiso comunicarnos, debe investigar con atención lo que pretendieron expresar realmente los hagiógrafos y plugo a Dios manifestar con las palabras de ellos.

Para descubrir la intención de los hagiógrafos, entre otras cosas hay que atender a "los géneros literarios". Puesto que la verdad se propone y se expresa de maneras diversas en los textos de diverso género: histórico, profético, poético o en otros géneros literarios. Conviene, además, que el intérprete investigue el sentido que intentó expresar y expresó el hagiógrafo en cada circunstancia según la condición de su tiempo y de su cultura, según los géneros literarios usados en su época.[10] Pues para entender rectamente lo que el autor sagrado quiso afirmar en sus escritos, hay que atender cuidadosamente tanto a las formas nativas usadas de pensar, de hablar o de narrar vigentes en los tiempos del hagiógrafo, como a las que en aquella época solían usarse en el trato mutuo de los hombres.[11]

Y como la Sagrada Escritura hay que leerla e interpretarla con el mismo Espíritu con que se escribió[12] para sacar el sentido exacto de los textos sagrados, hay que atender no menos diligentemente al contenido y a la unidad de toda la Sagrada Escritura, teniendo en cuenta la Tradición viva de toda la Iglesia y la analogía de la fe. Es deber de los exegetas trabajar según estas reglas para entender y exponer totalmente el sentido de la Sagrada Escritura, para que, como en un estudio previo, vaya madurando el juicio de la Iglesia. Por que todo lo que se refiere a la interpretación de la Sagrada Escritura, está sometido en última instancia a la Iglesia, que tiene el mandato y el ministerio divino de conservar y de interpretar la palabra de Dios.[13]

Notas

1. Cf. Pío XII, Const. Apostol. *Munificentissimus Deus*, del 1 de noviembre de 1950: A.A.S. 42 (1950), 756, en relación con las palabras de S. Cipriano: "La Iglesia plebe aunada a su Sacerdote y grey adherida a su Pastor" (Epíst. 66, 8: Hartel, III, B. p. 733).

2. Cf. Cc. Vaticano I, Const. dogm. De fide catholica, c. 3 de fide: DS 1792 (3.011).

3. Cf. Pío XII, Encícl. *Humani Generis*, del 12 de agosto de 1950: A.A.S. 42 (1950) 569; DS 2.314 (3.886).

4. Cf. Cc. Vaticano I, *Const. dogm. De fide catholica*, c. 2 de revelatione: DS 1787 (3.006). Comm. Bíblica, Decr. del 18 de junio de 1915: DS 2180 (3.629); Enchir. Bibl., 420; S.S.C.S. Officii, Carta del 22 de diciembre de 1923: Enchir. Biblic., 499.

5. Cf. Pío XII, Encícl. *Divino afflante Spiritu*, 30 de septiembre de 1943: A.A.S. 35 (1943) p. 14, Enchir. Biblic., 556.

6. En y por el hombre: cf. Hb., 1, 1; 4, 7 (en); 2 Sam., 23, 2; Mt., 1, 22 y frecuentemente (por), Cc. Vaticano I, Schema de doctrina cathol., nota 9: Coll. Lac., VII, 522.

7. León XIII, Encícl. *Providentissimus Deus*, del 18 de noviembre de 1893: DS 1952 (3.293); Enchir. Biblic., 125.

8. Cf. S. Agustín, Gn., ad Litt., 2, 9, 20: PL 34, 270-271; Epist., 82, 3: PL 33, 277; CSEL., 34, 2 p. 354. Santo Tomás, De Ver., q. 12, a. 2; véase Conciliocf. Cc. Trento, Sess. IV, De canonicis Scripturis: DS 783 (1501). León XIII, Encícl. *Providentissimus Deus*: Enchir. Biblic., 121, 124, 126-127. Pío XII, Encícl. *Divino Afflante Spiritu*: Enchir. Biblic., 539.

9. S. Agustín, *De civ. Dei*, XVII, 6, 2: PL 41, 537; CSEL., XI, 2, 228.

10. S. Agustín, *De doctrina christiana*, III, 18, 26: PL 34, 75-76.

11. Pío XII, l. c.: DS 2.294 (3.829-2.830); Enchir. Biblic., 557-562.

12. Cf. Benedicto XV, Encícl. *Spiritus Paraclitus*, del 15 de sept. de 1920: Enchir. Biblic., 469. S. Jerónimo, In Gl., 5, 19-21: PL 26, 417 A.

13. Cf. Cc. Vaticano I, *Const. dogm. De fide catholica*, c. 2 de revelatione: DS 1788 (3.007).

#5.
Las dos grandes historias del diluvio en Génesis

Brian Schmisek

Nota: Los eruditos distinguen la existencia de dos historias de la Creación entrelazadas entre sí en Génesis 6—9. A continuación se presentan las historias ordenadas por capítulos para hacer posible su distinción.

LA HISTORIA DEL DILUVIO DE LA FUENTE SACERDOTAL

Génesis 6,9–22

9 Esta es la historia de Noé: Noé fue el varón
más justo y cabal de su tiempo. Noé andaba
con Dios.
10 Noé engendró tres hijos: Sem, Cam y Jafet.
11 La tierra estaba corrompida en la presencia
de Dios: la tierra se llenó de violencias.
12 Dios miró a la tierra, y he aquí que estaba
viciada, porque toda carne tenía una con-
ducta viciosa sobre la tierra.
13 Dijo, pues, Dios a Noé: "He decidido aca-
bar con toda carne, porque la tierra está lle-
na de violencias por culpa de ellos. Por eso,
he aquí que voy a exterminarlos de la tierra.
14 Hazte un arca de maderas resinosas. Haces
el arca de cañizo y la calafateas por dentro y
por fuera con betún.
15 Así es como la harás: longitud del arca,
trescientos codos; su anchura, cincuenta
codos; y su altura, treinta codos. 16 Haces al
arca una cubierta y a un codo la rematarás
por encima, pones la puerta del arca en su
costado, y haces un primer piso, un segundo
y un tercero.
17 "Por mi parte, voy a traer el diluvio, las
aguas sobre la tierra, para exterminar toda

LA HISTORIA DEL DILUVIO DE LA FUENTE YAHVISTA

Génesis 6,5–8

5 Viendo Yahvé que la maldad del hombre
cundía en la tierra, y que todos los pensa-
mientos que ideaba su corazón eran puro
mal de continuo,
6 le pesó a Yahvé de haber hecho al hombre
en la tierra, y se indignó en su corazón.
7 Y dijo Yahvé: "Voy a exterminar de sobre
la haz del suelo al hombre que he creado,
– desde el hombre hasta los ganados, las
sierpes, y hasta las aves del cielo – porque
me pesa haberlos hecho".
8 Pero Noé halló gracia a los ojos de Yahvé.

LA HISTORIA DEL DILUVIO DE LA FUENTE SACERDOTAL

carne que tiene hálito de vida bajo el cielo:
todo cuanto existe en la tierra perecerá.
18 Pero contigo estableceré mi alianza: Entrarás en el arca tú y tus hijos, tu mujer y las
mujeres de tus hijos contigo.
19 Y de todo ser viviente, de toda carne, meterás en el arca una pareja para que sobrevivan
contigo. Serán macho y hembra. 20 De cada
especie de aves, de cada especie de ganados, de cada especie de sierpes del suelo entrarán contigo sendas parejas para sobrevivir.
21 Tú mismo procúrate toda suerte de víveres
y hazte acopio para que os sirvan de comida
a ti y a ellos".
22 Así lo hizo Noé y ejecutó todo lo que le
había mandado Dios.

Génesis 7,6. 11. 13–16a. 18–21. 24

6 Noé contaba seiscientos años cuando acaeció el diluvio, las aguas, sobre la tierra.
11 El año seiscientos de la vida de Noé, el mes
segundo, el día diecisiete del mes, en ese día
saltaron todas las fuentes del gran abismo, y
las compuertas del cielo se abrieron,
13 En aquel mismo día entró Noé en el arca,
como también los hijos de Noé, Sem, Cam y
Jafet, y la mujer de Noé, y las tres mujeres de
sus hijos; 14 y con ellos los animales de cada
especie, los ganados de cada especie, las
sierpes de cada especie que reptan sobre la
tierra, y las aves de cada especie: toda clase
de pájaros y seres alados; 15 entraron con Noé
en el arca sendas parejas de toda carne en
que hay aliento de vida, 16 y los que iban entrando eran macho y hembra de toda carne,
como Dios se lo había mandado. Y Yahvé
cerró la puerta detrás de Noé.
18 Subió el nivel de las aguas y crecieron mucho sobre la tierra, mientras el arca flotaba
sobre la superficie de las aguas. 19 Subió el
nivel de las aguas mucho, muchísimo sobre
la tierra, y quedaron cubiertos los montes

LA HISTORIA DEL DILUVIO DE LA FUENTE YAHVISTA

Génesis 7,1–5. 7–10. 12. 16b. 17. 22–23

1 Yahvé dijo a Noé: "Entra en el arca tú y toda
tu casa, porque tú eres el único justo que he
visto en esta generación. 2 De todos los animales puros tomarás para ti siete parejas, el
macho con su hembra, y de todos los animales que no son puros, una pareja, el macho
con su hembra. 3 (Asimismo de las aves del
cielo, siete parejas, machos y hembras) para
que sobreviva la casta sobre la haz de toda la
tierra. 4 Porque dentro de siete días haré llover
sobre la tierra durante cuarenta días y cuarenta noches, y exterminaré de sobre la haz
del suelo todos los seres que hice". 5 Y Noé
ejecutó todo lo que le había mandado Yahvé.
7 Noé entró en el arca, y con él sus hijos, su
mujer y las mujeres de sus hijos, para salvarse de las aguas del diluvio. 8 (De los animales
puros, y de los animales que no son puros,
y de las aves, y de todo lo que serpea por el
suelo, 9 sendas parejas de cada especie entraron con Noé en el arca, machos y hembras,
como había mandado Dios a Noé). 10 A la
semana, las aguas del diluvio vinieron sobre
la tierra.

LA HISTORIA DEL DILUVIO DE LA FUENTE SACERDOTAL

más altos que hay debajo del cielo. [20]Quince
codos por encima subió el nivel de las aguas
quedando cubiertos los montes. [21]Pereció
toda carne: lo que repta por la tierra, junto
con aves, ganados, animales y todo lo que
pulula sobre la tierra, y toda la humanidad.
[24]Las aguas inundaron la tierra por espacio
de 150 días.

LA HISTORIA DEL DILUVIO DE LA FUENTE YAHVISTA

[12]y estuvo descargando la lluvia sobre la tie-
rra cuarenta días y cuarenta noches.[16b]Y Yah-
vé cerró la puerta detrás de Noé. [17]El diluvio
duró cuarenta días sobre la tierra. Crecieron
las aguas y levantaron el arca que se alzó de
encima de la tierra.
[22]Todo cuanto respira hálito vital, todo cuanto
existe en tierra firme, murió. [23]Yahvé extermi-
nó todo ser que había sobre la haz del suelo,
desde el hombre hasta los ganados, hasta las
sierpes y hasta las aves del cielo: todos fue-
ron exterminados de la tierra, quedando sólo
Noé y los que con él estaban en el arca.

Génesis 8,1–2a. 3b–5. 7. 13a. 14–19

[1]Acordóse Dios de Noé y de todos los ani-
males y de los ganados que con él estaban
en el arca. Dios hizo pasar un viento sobre
la tierra y las aguas decrecieron. [2]Se cerraron
las fuentes del abismo y las compuertas del
cielo, y cesó la lluvia del cielo.
[3b]Al cabo de 150 días, las aguas habían
menguado, [4]y en el mes séptimo, el día die-
cisiete del mes, varó el arca sobre los montes
de Ararat. [5]Las aguas siguieron menguando
paulatinamente hasta el mes décimo, y el día
primero del décimo mes asomaron las cum-
bres de los montes.
[7]y soltó al cuervo, el cual estuvo saliendo y
retornando hasta que se secaron las aguas
sobre la tierra.
[13a]El año 601 de la vida de Noé, el día pri-
mero del primer mes, se secaron las aguas de
encima de la tierra. [14]En el segundo mes, el
día veintisiete del mes, quedó seca la tierra.
[15]Habló entonces Dios a Noé en estos tér-
minos [16]"Sal del arca tú, y contigo tu mujer,
tus hijos y las mujeres de tus hijos.[17]Saca
contigo todos los animales de toda especie
que te acompañan, aves, ganados y todas

Génesis 8,2b–3a. 6. 8–12. 13b. 20–22

[2b]y cesó la lluvia del cielo. [3a]Poco a poco
retrocedieron las aguas de sobre la tierra.
[6]Al cabo de cuarenta días, abrió Noé la ven-
tana que había hecho en el arca,
[8]Después soltó a la paloma, para ver si ha-
bían menguado ya las aguas de la superficie
terrestre.[9]La paloma, no hallando donde
posar el pie, tornó donde él, al arca, por-
que aún había agua sobre la superficie de
la tierra; y alargando él su mano, la asió y
metióla consigo en el arca.[10]Aún esperó otros
siete días y volvió a soltar la paloma fuera del
arca. [11]La paloma vino al atardecer, y he aquí
que traía en el pico un ramo verde de olivo,
por donde conoció Noé que habían dismi-
nuido las aguas de encima de la tierra. [12]Aún
esperó otros siete días y soltó la paloma, que
ya no volvió donde él.
[13b]Noé retiró la cubierta del arca, miró y he
aquí que estaba seca la superficie del suelo.
[20]Noé construyó un altar a Yahvé, y tomando
de todos los animales puros y de todas las
aves puras, ofreció holocaustos en el altar.
[21]Al aspirar Yahvé el calmante aroma, dijo en
su corazón: "Nunca más volveré al maldecir

LA HISTORIA DEL DILUVIO DE LA FUENTE SACERDOTAL

las sierpes que reptan sobre la tierra. Que pululen sobre la tierra y sean fecundos y se multipliquen sobre la tierra". 18Salió, pues, Noé, y con él sus hijos, su mujer y las mujeres de sus hijos.19Todos los animales, todos los ganados, todas las aves y todas las sierpes que reptan sobre la tierra salieron por familias del arca.

Génesis 9,1–17. 28–29

1Dios bendijo a Noé y a sus hijos, y les dijo: "Sed fecundos, multiplicaos y llenad la tierra. 2Infundiréis temor y miedo a todos los animales de la tierra, y a todas las aves del cielo, y a todo lo que repta por el suelo, y a todos los peces del mar; quedan a vuestra disposición. 3Todo lo que se mueve y tiene vida os servirá de alimento: todo os lo doy, lo mismo que os di la hierba verde. 4Sólo dejaréis de comer la carne con su alma, es decir, con su sangre, 5y yo os prometo reclamar vuestra propia sangre: la reclamaré a todo animal y al hombre: a todos y a cada uno reclamaré el alma humana. 6Quien vertiere sangre de hombre, por otro hombre será su sangre vertida, porque a imagen de Dios hizo El al hombre. 7Vosotros, pues, sed fecundos y multiplicaos; pululad en la tierra y dominad en ella". 8Dijo Dios a Noé y a sus hijos con él: 9"He aquí que yo establezco mi alianza con vosotros, y con vuestra futura descendencia, 10y con toda alma viviente que os acompaña: las aves, los ganados y todas las alimañas que hay con vosotros, con todo lo que ha salido del arca, todos los animales de la tierra. 11Establezco mi alianza con vosotros, y no volverá nunca más a ser aniquilada toda carne por las aguas del diluvio, ni habrá más diluvio para destruir la tierra". 12Dijo Dios: "Esta es la señal de la alianza que para las generaciones perpe-

LA HISTORIA DEL DILUVIO DE LA FUENTE YAHVISTA

el suelo por causa del hombre, porque las trazas del corazón humano son malas desde su niñez, ni volveré a herir a todo ser viviente como lo he hecho. 22"Mientras dure la tierra, sementera y siega, frío y calor, verano e invierno, día y noche, no cesarán".

Génesis 9,18–27

18Los hijos de Noé que salieron del arca eran Sem, Cam y Jafet. Cam es el padre de Canaán.19Estos tres fueron los hijos de Noé, y a partir de ellos se pobló toda la tierra. 20Noé se dedicó a la labranza y plantó una viña. 21Bebió del vino, se embriagó, y quedó desnudo en medio de su tienda. 22Vio Cam, padre de Canaán, la desnudez de su padre, y avisó a sus dos hermanos 23Entonces Sem y Jafet tomaron el manto, se lo echaron al hombro los dos, y andando hacia atrás, vueltas las caras, cubrieron la desnudez de su padre sin verla. 24Cuando despertó Noé de su embriaguez y supo lo que había hecho con él su hijo menor, 25dijo: "¡Maldito sea Canaán! ¡Siervo de siervos sea para sus hermanos!"
26Y dijo: "¡Bendito sea Yahvé, el Dios de Sem, y sea Canaán esclavo suyo!
27¡Haga Dios dilatado a Jafet; habite en las tiendas de Sem, y sea Canaán esclavo suyo!"

LA HISTORIA DEL DILUVIO DE LA FUENTE SACERDOTAL

tuas pongo entre yo y vosotros y toda alma
viviente que os acompaña: [13]Pongo mi arco
en las nubes, y servirá de señal de la alian-
za entre yo y la tierra. [14]Cuando yo anuble
de nubes la tierra, entonces se verá el arco
en las nubes, [15]y me acordaré de la alianza
que media entre yo y vosotros y toda alma
viviente, toda carne, y no habrá más aguas
diluviales para exterminar toda carne. [16]Pues
en cuanto esté el arco en las nubes, yo lo
veré para recordar la alianza perpetua entre
Dios y toda alma viviente, toda carne que
existe sobre la tierra". [17]Y dijo Dios a Noé:
"Esta es la señal de la alianza que he estable-
cido entre yo y toda carne que existe sobre
la tierra".
[28]Vivió Noé después del diluvio 350 años.
[29]El total de los días de Noé fue de 950 años,
y murió.

LA HISTORIA DEL DILUVIO DE LA FUENTE YAHVISTA

#6.
Auto-examen: mitad del Módulo I

Relacionar: En la línea que se encuentra frente a cada pregunta anote la letra que mejor responda a esa pregunta.

Personas

______ 1.	Entono un canto junto con las otras mujeres después de haber cruzado el mar de Cañas	a. Aarón
______ 2.	Sacerdote, hermano de Moisés	b. Amalecitas
______ 3.	Esposa de Moisés	c. Habirú
______ 4.	Tuvo una experiencia con Dios en una zarza ardiente	d. Jetró
______ 5.	Grupo de esclavos y de personas oprimidas que escaparon de Egipto	e. Josué
______ 6.	Asistente de Moisés, líder del ejército israelita	f. Leví
______ 7.	Suegro de Moisés, sacerdote de Madián	g. María
______ 8.	Se piensa que era el Faraón en la época del éxodo	h. Moisés
______ 9.	Tribu a la que pertenecieron Aarón y Moisés	i. Ramsés II
______ 10.	El primer grupo con el cual los israelitas pelearon después de escapar de Egipto	j. Séfora

Lugares

______ 11.	Montaña donde ardía la zarza y se llevó a cabo la alianza	a. Gosén
______ 12.	Lugar donde Moisés cambió el agua amarga en dulce	b. Horeb/Sinaí
______ 13.	Lo cruzaron los israelitas al escaparse de Egipto	c. Mará
______ 14.	Fuente de donde provenía la fertilidad de la tierra en Egipto	d. Madián
______ 15.	Ciudad de la cual salieron los israelitas al dejar Egipto	e. Nilo
______ 16.	Lugar al que Moisés se fue exiliado	f. Ramsés
______ 17.	Área de Egipto en la cual los israelitas vivían	g. Mar de Cañas

Opción multiple

__________ 18. Al Pentateuco también se lo conoce como:

a. Los cinco libros de Moisés
b. La Torá
c. La Ley
d. Todos los anteriores

Conteste en la línea

19. La fiesta judía con la cual se celebra el éxodo se llama ____________________.

20. Los israelitas se alimentaran en el desierto con ____________ y ____________.

Muchos eruditos en las Escrituras creen que el Pentateuco se formo con material proveniente de cuatro diferentes fuentes. Nómbrelas.

21. ______________ 22. ______________ 23. ______________ 24. ______________

Respuestas al auto-examen: mitad del Módulo I

1. g
2. a
3. j
4. h
5. c
6. e
7. d
8. i
9. f
10. b
11. b
12. c
13. g
14. e
15. f
16. d
17. a
18. d
19. Pascua
20. Maná
21. Yahvista
22. Elohista
23. Deuteronomista
24. Sacerdotal

#7. Enterrar a nuestros Isaacs

Mary Catherine Barron, CSJ

> Ciertamente, es viva la Palabra de Dios y eficaz, y más cortante que espada alguna de dos filos. Penetra hasta las fronteras entre el alma y el espíritu, hasta las junturas y médulas; y escruta los sentimientos y pensamientos del corazón. No hay para ella criatura invisible: todo está desnudo y patente a los ojos de Aquel a quien hemos de dar cuenta (Hebreos 4,12–13).

> Después de estas cosas sucedió que Dios tentó a Abrahán (Génesis 22,1).

Abrahán era un hombre vulnerable. Nunca pudo dominar el arte de oponer resistencia a Dios. Siempre estaba totalmente disponible. Si hubiera sido un ser humano más pragmático, hubiera cultivado rápidamente la habilidad de hacerse el sordo a los asuntos de Dios—o por lo menos hubiera fingido. Pero esa era su debilidad: siempre estaba muy dispuesto. Cada vez que Dios le llamaba, el respondía. Tal presteza puede ser peligrosa, especialmente en lo que se refiere a Dios. Él es encantador.

Así que, después de un corto período de relativa paz y tranquilidad, Dios otra vez lo llamó por su nombre: "Abrahán, Abrahán" y nuestro antepasado del Antiguo Testamento respondió como era de esperarse: "Aquí estoy". Debería de haberlo sabido. Se debería de haber dado cuenta del peligro insipiente de esas palabras, porque ya las había pronunciado antes y terminaron costándole bastante dolor. De hecho, le habían llevado hasta donde se encontraba en ese momento: en una tierra extraña de gente extraña con un hijo joven, fruto de la vejez de él y de Sara. Había sido un viaje fatigoso hasta llegar a su destino, lleno de sufrimiento y esperanza, distanciamiento y promesas, desaliento y realización. Pero hoy la existencia era tranquila y Dios era bondadoso y Abrahán estaba contento en la nueva vida que crecía en su entorno: Isaac su hijo. Así que él no debió de haber contestado con tanta franqueza, tan al pie de la letra cuando dijo: "Aquí estoy". Estas dos palabras encapsularon toda una vida de ofrecimiento y sumisión de parte de Abrahán a Dios. Dios lo sabía. Él sabía la profundidad de la respuesta de Abrahán porque tiempo atrás ya lo había removido desde sus cimientos, ya lo había moldeado en la fe. Por eso Dios no se sorprendió de la respuesta de Abrahán, ya lo había puesto a prueba antes.

La purificación es un asunto complicado. No importa que tan preciso sea el instrumento, siempre habrá dolor y derramamiento de sangre. Irónicamente, aunque estemos familiarizados con el concepto nunca nos acostumbraremos al proceso. Las espadas de doble filo son peligrosas, especialmente las que penetran hasta lo más profundo "allá donde el alma se divide del espíritu", porque eventualmente golpean al corazón. Aunque Abrahán había sido punzado y probado con anterioridad, había vivido lo suficiente para darse cuenta que siempre hay rincones y hendiduras del corazón donde Dios no ha entrado.

En una de esas hendiduras estaba Isaac y por eso Dios le manda: "Toma a tu hijo, a tu único, al que amas, a Isaac, vete al país de Moria y ofrécelo allí en holocausto en uno de los montes, el que yo te diga" (Génesis 22,2). Parece que Dios no pudo haber sido ni más claro ni más insensible. Casi con ferocidad le detalla los puntos que implican el sacrificio de Abrahán: "hijo", "único hijo", "Isaac", "al que amas". En ese momento se imagina a su primogénito, tan esperado, hecho cenizas sobre la leña del sacrificio en la cima de la montaña.

Abrahán no responde porque ya ha respondido con totalidad: "Aquí estoy". Simplemente se nos dice que a la mañana siguiente se levanta y emprende un viaje que dura tres días, hasta Moria. Fuera cual fuera el desenlace, el viaje en sí mismo es parte del purgatorio, es ya en sí mismo una parte del holocausto, y el hecho de estarse dirigiendo a la consumación del sacrificio intensifica el dolor.

La angustia no es una emoción fácil de comunicar. Es demasiado profunda para poderse articular. Es tan insistente, que todos los demás sentimientos pasan a segundo plano. Por lo que Abrahán habla poco durante su peregrinación hacia el holocausto, e irónicamente carga a Isaac con la leña, llevando él mismo el cuchillo y el fuego. Con fe imperturbable, Abrahán lleva en sus manos los instrumentos que cortarán y quemarán a su hijo. Pero, aun más adentro, lleva los instrumentos que le cortarán y le quemarán a él mismo. Isaac sufrirá en su cuerpo el holocausto; Abrahán sufre el holocausto en el corazón.

La desgracia de un inocente siempre está acompañada de la indignación de aquellos que no participaron. Pero, ¿quién puede comprender la indignación que siente Abrahán mientras ata a su hijo único y lo tiende sobre el altar? No podemos ni siquiera empezar a penetrar en las profundidades de su desconsolado corazón que aun cree en la irrevocable palabra de Yahvé. "Alargó Abrahán la mano y tomó el cuchillo para inmolar a su hijo" (Génesis 22,10).

Otra vez se escucha el grito "Abrahán, Abrahán" y una vez más da la respuesta ya conocida: "Aquí estoy". Luego vienen las palabras de salvación: "No alargues tu mano contra el niño, ni le hagas nada, que ahora sé que eres temeroso de Dios, ya que no me has negado tu hijo, tu único" (Génesis 22,12). Isaac se salva. Pero, ¿y Abrahán? El holocausto del cuerpo no llega a suceder, el holocausto del corazón queda completado.

El padre Van Breemen, en su libro, *Llamado por su nombre*, proporciona el siguiente análisis:

> Cuando Abrahán desciende de la montaña con su hijo, ambos, él e Isaac han cambiado; algo ha sucedido en la cima...Como un árbol al cual se le a dado vuelta completa dentro de la tierra, las raíces de Abrahán se han cortado, y el se ha convertido en un nuevo hombre. (página 19)

¿En qué consiste esta novedad? Abrahán desciende de la montaña con Isaac vivo. Pero algo dentro de ellos ha muerto. Porque él se inclinó sobre Isaac tendido sobre el altar, no pudimos ver el dolor en los ojos de Abrahán, la mirada de completo desconcierto por lo que estaba a punto de hacer, el terror que lo estremecía a causa de la muerte de un ser amado por su propia mano. Pero Isaac podía verlo. Y el holocausto de corazón quedo realizado en la mirada de amor que intercambiaron entre padre e hijo. En ese instante, Isaac cede a su padre su vida con sumisión y confianza. De manera similar Abrahán le cede su corazón a Yahvé. Porque parte del corazón de Abrahán es Isaac, esa parte del corazón de Abrahán se muere para siempre en el monte Moria. Abrahán vuelve a Beerseba con un hijo, pero ya no con su hijo. Isaac fue cedido irrevocablemente a Yahvé. Isaac regresa con un padre quien ya no es únicamente su padre, es esencialmente, el padre del pueblo de Yahvé. Ambos pierden y ganan vida; ambos entregaron al otro y se les da de regreso—pero ahora ya transformados.

En la Epístola a los Hebreos se nos dice:

> Por la fe, Abrahán, sometido a la prueba, presentó a Isaac como ofrenda, y, el que había recibido las promesas, ofrecía a su unigénito, respecto del cual se le había dicho: *Por Isaac tendrás descendencia*. Pensaba que poderoso era Dios aun para resucitar de entre los muertos. Por eso lo recobró para que Isaac fuera también figura (Hebreos 11,17–19).

Siglos más tarde, al hablar sobre perder y ganar la vida, Jesús usará la analogía del grano de trigo que muere en la tierra para producir una gran cosecha. Podemos decir que, de la semilla de amor por Isaac, la cual Abrahán deja morir en el terreno sagrado de Yahvé, surge una gran cosecha de vidas transformadas. Para Abrahán, Isaac verdaderamente a regresado a la vida, pero solo después de haberlo dejado ir. De cierta manera, él baja del monte Moria después de haber enterrado ahí parte de sí mismo y de su hijo.

¿Qué significado tiene esta historia para nosotros? Ciertamente nos tranquilizamos al saber que Isaac no es asesinado. Nos alegramos al saber que la fe de Abrahán fue justificada. Y esperamos nunca tener que pasar una prueba así. Esta forma de pensar es nuestro error y nuestra desgracia. Porque todos tenemos nuestros Isaacs—aquellos rincones del corazón donde no nos damos cuenta que "el alma esta separada del espíritu". Hasta que no estemos dispuestos a enterrarlos (a nuestros Isaacs) en un holocausto del corazón, nuestra fe es débil y nuestro amor no es libre. De esa manera nos convertimos en pobres descendientes espirituales de nuestro gran patriarca del desierto.

El Libro de Judit nos dice:

> Por todo esto, debemos dar gracias al Señor nuestro Dios que ha querido probarnos como a nuestros padres. Recuerden lo que hizo con Abrahán, las pruebas por que hizo pasar a Isaac, lo que aconteció a Jacob en Mesopotamia de Siria, cuando pastoreaba los rebaños de Labán, el hermano de su madre. Como les puso a ellos en el crisol para sondear sus corazones, asi el señor nos hiere a nosotros, los que nos acercamos a él, no para castigarnos, sino para amonestarnos. (8,25–27)

Amonestación ¿para qué? Amonestación, para que eventualmente, en el fuego, nuestros corazones se purifiquen, de tal manera, que hayamos enterrado a nuestros Isaacs. Amonestación para que eventualmente nuestros corazones puestos en el crisol estén tan libres que podamos, como Abrahán, responder al llamado de Yahvé: "Aquí estoy".

> ¡"La palabra de Dios esta viva y eficaz"—en el tiempo de Abrahán y en el nuestro! ¿Dejaremos que nos corte, aun teniendo dos filos"?

Mary Catherine Barron, CSJ, Unveiled Faces: Men and Women of the Bible *(Collegeville, MN: Liturgical Press, 1981)*

#8.
La Pascua: las raíces judías de la Eucaristía

Arthur E. Zannoni

Cuando los católicos nos reunimos para celebrar la Misa, quizás no nos damos cuenta que nuestra Eucaristía tiene sus orígenes en el ritual de la Pascua judía. El pan sin levadura y el vino que usamos en la Misa, así como los Salmos que cantamos, eran utilizados en las Cenas de Pascua en tiempo de Jesús y son utilizados por los judíos hoy en día.

Jesús y todos los primeros cristianos eran judíos. Ellos habían celebrado la fiesta de la Pascua desde su infancia. Para ellos tenía un gran significado teológico. Si tratásemos de entender que estaba pasando por la mente de Jesús conforme se acercaba el momento de su muerte y que pasaba por las mentes de los primeros discípulos al reflexionar en el significado de la vida y la muerte de Jesús—cuando empezaron a celebrar las primeras fiestas Eucarísticas—entenderíamos el significado de la Pascua.

En esta *actualización* veremos como los judíos celebraban la Pascua y luego examinaremos como los cristianos celebran la Eucaristía. En el ritual de la Pascua, hoy en día, los judíos celebran fielmente y con alegría todo lo que Dios ha hecho a través de la historia para salvarlos. En la Eucaristía, los cristianos hoy en día celebran fielmente y con alegría todo lo que Dios ha hecho a través de Jesucristo. El conocer y entender el origen y el significado de la Pascua nos puede ayudar a apreciar las raíces judías de nuestra liturgia Eucarística.

La cena (*seder*) y la Pascua

Cada año, durante la primavera, los judíos se congregan alrededor de la mesa familiar, recitan oraciones antiquísimas y narran historias. Es la Pascua. Por su parte los católicos, celebran la Cuaresma y el Triduo Pascual—Jueves Santo, Viernes Santo y la liturgia de Pascua. Los católicos están más familiarizados con la Cuaresma y la Semana Santa que con la Pascua.

Alrededor del mundo, las familias judías, narran las historias de su libertad. En su forma más sencilla es la historia del éxodo, todo un pueblo que fue liberado por Dios de la esclavitud y llevado sano y salvo a la patria.

En los hogares judíos, habrá *seder* (la palabra significa "arreglo" u "orden del ritual"), es una combinación de un banquete, un servicio religioso y una sesión de estudio para conmemorar la Pascua, la liberación de Israel de la esclavitud de Egipto. Empieza con la oración: "Bendito seas nuestro Dios, soberano del Universo, quien ha santificado nuestras vidas a través de los mandamientos, mandándonos encender las luces en esta festividad". Las velas son encendidas antes de la puesta del sol y la mesa donde se celebra la fiesta es puesta con lo mejor de lo mejor. Las velas simbolizan el Sabbath (sábado) y cualquier otra fiesta.

En la mesa se pone la comida simbólica, así se conmemoran los eventos de la Pascua. El *matzoth* (pan sin levadura) como recuerdo de la premura con la que los israelitas dejaron Egipto sin esperar a que la levadura del pan se esponjara. Comúnmente en la mesa también se encuentra un elegante platón especialmente diseñado para la *seder,* rebosante de comida. El *karpas,* un vegetal generalmente verde y que simboliza la primavera y el renacimiento, es sumergido en agua con sal o en vinagre para simbolizar las lágrimas de las personas o el cruce del mar Rojo al salir de Egipto. También puede simbolizar las ramas que se utilizaron para untar la sangre en las dos jambas y en el dintel de las casas como signo al ángel exterminador de que en esa casa vivían israelitas y que pasase de largo. *Hoaroseth,* es una mezcla de manzanas picadas, nueces, vino y especies, que simbolizan el mortero que los israelitas utilizaban para hacer ladrillos en Egipto.

Maror, hierbas amargas, es un símbolo de la amargura de la esclavitud. *Beitzah,* un huevo asado, es un símbolo del sacrificio festivo. *Zeroa,* una pierna de cordero asada, que simboliza la ofrenda pascual y el que Dios sacó a los israelitas de Egipto con un brazo fuerte.

En cada lugar de la mesa hay un cáliz para el vino. El jefe de familia se reclina en la mesa, escenificando así la libertad y el alivio o desahogo. Uno de los momentos dramáticos de la comida se produce cuando el niño más pequeño pregunta: "¿Por qué es esta noche diferente a las otras?". La pregunta se contesta con el *haggadah,* la historia de los judíos.

Cada edición del *haggadah,* el libro que se utiliza durante la cena del *seder* es diferente, dependiendo en la historia de la familia o la interpretación de los rabinos. Pero la *seder* no ha cambiado en siglos. La idea general de la historia permanece sin cambio.

El *maggid,* es parte del *haggadah,* es la narración de la historia. La historia incluye las famosas cuatro preguntas que el niño hace: "¿Por qué es esta noche diferente?" "¿Por qué comemos solamente hiervas amargas?" "¿Por qué necesitamos sumergirlas en agua con sal o vinagre dos veces, si por lo general no las sumergimos?" "¿Por qué en esta noche comemos reclinados sobre la mesa?"

Casi al finalizar del *maggid,* se lee la narración de las diez plagas. Por cada una de las plagas, cada persona mete un dedo en el cáliz de vino y coloca una gota del vino en el plato. Las gotas rojas significan que la libertad se consiguió pagando un precio—el del sufrimiento de los egipcios.

Raíces judías de la Misa

En las Iglesias católicas, nosotros también nos reunimos alrededor de una mesa para celebrar la Pascua, esto sucede cada vez que celebramos la Eucaristía, pero especialmente durante el Triduo Pascual. El sacerdote toma el lugar del jefe de familia. En la mesa del altar hay pan sin levadura y vino. Durante las liturgias del Triduo Pascual: Jueves Santo, Viernes Santo y la Vigilia Pascual el *haggadah* cristiano es leído: la narración de la Pascua en el Libro del Éxodo y la narración de la Última Cena. Después se celebra el ritual del sacrificio/alimento: el pan sin levadura y el vino se convierten en la Pascua de Jesús, al ser llevado por Dios a través del sufrimiento y de la muerte a la resurrección. Entramos a este evento de la vida de Jesús y se nos asegura nuestra nueva vida y resurrección.

Tanto los judíos como los cristianos celebran algo similar, aunque no exactamente igual. Para el pueblo judío, el corazón de la Biblia es el gran recate, el "éxodo" o "salida". Ellos habían sido esclavizados por los tiranos egipcios (los faraones) y Dios intervino para salvar a su gente. Diez plagas afectaron al pueblo de Egipto—siendo la décima, la muerte del primogénito de cada familia egipcia. Los judíos se salvaron de la visita del ángel exterminador porque habían untado la sangre del cordero en las dos jambas y en el dintel de las puertas de sus casas.

Después Dios condujo a su pueblo fuera de Egipto bajo la guía de Moisés. El capitulo

12 del Libro del Éxodo contiene una descripción clara de la celebración de la Pascua. Pasaron a través del mar Rojo y fue ahí donde el ejército del Faraón, que los iba siguiendo, fue sepultado por las aguas y todos se ahogaron (Éxodo 13,17—14,31). Fueron milagrosamente alimentados en el desierto por cuarenta años. Dios hizo una alianza con ellos en el monte Sinaí—al seguir los Diez Mandamientos estarían cumpliendo con su parte de la alianza (Éxodo 19—24). Finalmente, Dios los conduce victoriosos a la tierra prometida.

Los cristianos ven cumplida esta Pascua en el camino recorrido por Jesús a través de la muerte a la vida en la resurrección, llevando a su pueblo con él. Ellos celebran la liberación del pecado y la entrada a la vida divina. Así es que para los cristianos el corazón de la Biblia es también un gran rescate—llevado a cabo por Jesús. El Triduo Pascual—y ahora, cada Eucaristía—es una Pascua cristiana.

Para los judíos, la palabra Pascua es *Pesach*. Para los cristianos la palabra es *Pasch*. (Ambas palabras vienen de la misma raíz, que significa "pasar sobre", recordando al ángel exterminador quien "pasó sobre" las casas de los judíos). Ambas fiestas se han visto enriquecidas con cantidad de símbolos que se han acumulado a través de la historia: sangre, el cordero, sacrificio, compartir una comida en comunidad, alianza. Ambas hacen presentes las acciones que Dios ha hecho para salvarnos a través de la historia.

La Pascua en tiempos de Jesús

Tomando de la tradición judía del siglo II, la descripción que diese de una cena pascual muy probablemente hubiera sido muy parecida a la cena pascual del tiempo de Jesús. Pero debido a las diferentes narraciones dadas en el Nuevo Testamento acerca de la Última Cena, los expertos en la Biblia, no saben exactamente que fue lo que Jesús celebró; si fue una *especie* de cena pascual antes de la fecha exacta, o si fue la real y verdadera celebración de la cena pascual en el día establecido.

Los tres Evangelios Sinópticos dicen, que la cena que Jesús celebró la noche antes de su muerte, fue la cena pascual (Mateo 26,2, 17–19; Marcos 14,12–17; Lucas 22,7–14). Por el contrario, el Evangelio de Juan (18,28 y 19,14) claramente dice que los líderes judíos todavía no habían comido la Pascua cuando Jesús murió. Según el Cuarto Evangelio, Jesús murió el día anterior a la Pascua y resucito al día siguiente.

¿Por qué existe esta discrepancia? Porque, para el Evangelio de Juan, Jesús es el Cordero Pascual y muere al mismo tiempo que los corderos pascuales están siendo llevados al matadero en el Templo de Jerusalén (véase Juan 19). A su vez, los escritores de los Evangelios sinópticos parece que captaron que la Última Cena fue la cena pascual. Y que fue, dentro de los rituales para bendecir el pan y el vino, que Jesús insertó la institución de la Eucaristía.

Lo que cambió Jesús

Durante la cena pascual que fue la Última Cena, Jesús hizo un anuncio trascendental. La bendición comúnmente usada sobre el *matzoth* (pan sin levadura) era "Este es el pan de aflicción que nuestros ancestros comieron en la tierra de Egipto. Todos los que tengan hambre—que vengan y coman. Todos los que tengan necesidad—que vengan y celebren la Pascua con nosotros". En lugar de esas palabras, Jesús dice: "Tomen, coman, éste es mi cuerpo" (Mateo 26,26).

Durante la Cena, después de servir el platillo principal y de haber comido el Cordero Pascual, un tercer cáliz de vino llamado el cáliz de las bendiciones (1 Corintios 10,16) se servía. El jefe de familia alzaba el cáliz y pronunciaba una oración de acción de gracias específica para la fiesta. Pero Jesús, de acuerdo con la narración de la Última Cena en los Evangelios sinópticos, dijo unas palabras que con seguridad causaron desconcierto a los apóstoles: "Beban de ella todos, porque [esta es mi sangre de la alianza, que es derramada por muchos para el perdón de los pecados]" (Mateo 26,27–28).

La segunda parte del *hallel* (Sal 115–118) fue cantado por Jesús y sus discípulos: "Y cantados los himnos, salieron hacia el Monte de los Olivos" (Mateo 26,30).

Las narraciones evangélicas mencionan solamente el pan y el vino de la cena pascual, no el cordero o las hierbas amargas o el *haroseth*. De todas maneras, no hay duda de que Jesús quiso celebrar la Pascua con todo su significado para sus gentes y así realizar la promesa de la Pascua. El dijo: "Con ansia he deseado comer esta Pascua con ustedes antes de padecer" (Lucas 22,15). Esto será ahora el éxodo: su paso a través del sufrimiento y la muerte que representarán la esclavitud y el desamparo de la humanidad, para así ser sacado de ahí y resucitar.

Símbolo de la sangre y el cordero

Para los cristianos, la Última Cena era la plenitud de todas las cenas ascuales. Tome nota del nuevo énfasis. Primero tome en consideración al cordero. El matar y comer al cordero era parte del ritual descrito en Éxodo 12. Cuando la Pascua se convirtió en una celebración de peregrinación a la vez que en una celebración familiar, los corderos eran matados por los sacerdotes en el Templo de Jerusalén. Cada familia tomaba uno de los corderos y se lo llevaba a casa para su propia celebración. La matanza se efectuaba entre el medio día y antes de que llegase la oscuridad. En la muerte de Jesús hubo dos ironías: ocurrió al mismo tiempo que se estaba llevando a cabo la matanza de los corderos en el Templo y durante época de fiesta, un período de tiempo en que las autoridades querían evitar problemas.

El cordero, una figura que simboliza la inocencia e impotencia, frecuentemente es mencionado en las Escrituras hebreas como una víctima de sacrificio. En el Evangelio de Juan, el Bautista llama a Jesús "el cordero de Dios, que quita el pecado del mundo" (Juan 1, 29). El Cuarto Evangelio recuerda el mandato del Libro del Éxodo en lo referente al Cordero Pascual, cuando dice que los soldados no le rompieron las piernas a Jesús, cumpliéndose así lo que dice la Escritura: "No se le quebrará hueso alguno" (Juan 19,36). El título de el *cordero* es aplicado a Jesús 28 veces en el Libro del Apocalipsis. Él es la víctima del sacrificio, ahora victoriosa.

Obviamente la sangre era un factor significativo desde el principio de la Pascua. En Egipto la sangre del cordero untada en las dos jambas y en el dintel de las puertas de sus casas judías fue la señal para que el ángel exterminador pasara de largo por aquella puerta y no hiriera al primogénito.

La sangre fue el símbolo central en la dramática liturgia que realizó Moisés para ratificar la alianza. Él tomó la mitad de la sangre de los becerros y la esparció por el altar que representaba a Dios y esparció la otra mitad en el pueblo (Éxodo 24,8). Como la sangre da la vida, la ceremonia significaba la unión viva—línea de vida—entre Dios y su pueblo. Se habían convertido en parientes.

En el Calvario la sangre de Jesús fue derramada en la cruz. Anteriormente, en la Última Cena, él había ofrecido su sangre a sus apóstoles, y a todos aquellos que celebrarán esa ceremonia en memoria suya, como un símbolo de la vida que había obtenido y deseaba para cada ser humano. La sangre derramada por Jesús es una línea de vida entre él y sus seguidores. Jesús es la viña y nosotros los sarmientos nutridos por la misma vida. Los cristianos prueban las delicias del vino y recuerdan el amor misericordioso de Dios.

La Pascua ahora

Un elemento que tienen en común las prácticas judías y las cristianas es la "actualidad" de la acción Pascual de Dios. Los cristianos creen que en la Eucaristía, muerte—que da vida—y la resurrección de Jesús, se hace presente para que nosotros entremos en ella. No consiste meramente en reiterar o recordar. Este es el significado absoluto de las palabras de Jesús "Hagan esto en conmemoración mía" (Lucas 22,19).

Los judíos poseen una idea similar pero no idéntica. Aun hoy en día, en los rituales de la Pascua judía, se dice: "No fue solo a nuestros padres que el Santo de Israel, bendito sea, redimió, a nosotros también nos redimió junto con ellos". La Escritura hebrea categóricamente afirma: "Yahvé nuestro Dios ha concluido con nosotros una alianza en el Horeb. No con nuestros padres concluyó Yahvé esta alianza, sino con nosotros, con nosotros que estamos hoy aquí, todos vivos" (Deuteonomio 5,2–3).

Los judíos fueron y continúan siendo el pueblo elegido por Dios. Nosotros los cristianos nos les unimos al celebrar un hecho histórico primordial, visto desde el punto de vista de la fe: Dios salvó a su pueblo del sufrimiento y la muerte al conducirlos a través de la experiencia inevitable del sufrimiento y la muerte.

La vida de cada uno es un gran éxodo—con varios pequeños éxodos incluidos—un pasar a través, el gran rescate, el advenimiento a una nueva vida, libertad y resurrección. Sin despreciar de ninguna manera la fe judía, los cristianos ven al éxodo cumplido en el éxodo de Jesús a través de la muerte a la resurrección. Ambos ritos, el de la Pascua y el de la Eucaristía representan la liberación salvadora de Dios. Al hacerse presente el éxodo de Jesús en la Eucaristía, y en otras celebraciones sacramentales celebradas por la Iglesia, nos unimos a su victoria. No vamos a recordar nunca más a la sangre de los animales brillando a la luz de la luna. Ahora, la familia de Jesús, se nutre del cuerpo vivo del Cordero de Dios, y prueba las delicias de su sangre ahora encubierta en forma de vino.

Arthur E. Zannoni es un escritor que trabaja independientemente, ha ganado premios y es profesor, teólogo y consultor en Estudios Bíblicos y en relaciones judeo-cristianas. Recibió el premio interreligioso Templo de Israel (Minneapolis) por su trabajo en la promoción del dialogo interreligioso. Su más reciente libro se titula Jesús del Evangelio: Maestro, Narrador de cuentos, Amigo, Mesías *(St. Anthony Messenger Press, 2006).*

#9. La liberación del mar

La descripción del éxodo en la Biblia fue recopilada de dos distintos relatos o fuentes más antiguos. Los eruditos han podido identificar que partes del relato bíblico vienen de cada una de las versiones antiguas. Aquí están los dos relatos antiguos tal como han sido reconstruidos por los eruditos.

LA VERSIÓN YAHVISTA ELOHÍSTA (JE)

13 20 Partieron de Sukkot y acamparon
en Etam, al borde del desierto. 21 Yah-
vé iba al frente de ellos, de día en columna
de nube para guiarlos por el camino, y de
noche en columna de fuego para alumbrar-
los, de modo que pudiesen marchar de día
y de noche. 22 No se apartó del pueblo ni la
columna de nube por el día, ni la columna
de fuego por la noche.

14 5 Cuando anunciaron al rey de Egipto
que había huido el pueblo, se mudó el
corazón de Faraón y de sus servidores res-
pecto del pueblo, y dijeron: "¿Qué es lo que
hemos hecho dejando que Israel salga de
nuestro servicio?" 6 Faraón hizo enganchar su
carro y llevó consigo sus tropas. 7 Tomó seis-
cientos carros escogidos y todos los carros
de Egipto, montados por sus combatientes.

14 10a Al acercarse Faraón, los israelitas al-
zaron sus ojos, y viendo que los egip-
cios marchaban tras ellos, temieron mucho...

14 11 Y dijeron a Moisés: "¿Acaso no había
sepulturas en Egipto para que nos
hayas traído a morir en el desierto? ¿Qué has
hecho con nosotros sacándonos de Egipto? 12
¿No te dijimos claramente en Egipto: Déja-
nos en paz, queremos servir a los egipcios?
Porque mejor nos es servir a los egipcios que
morir en el desierto". 13 Contestó Moisés al

LA VERSIÓN SACERTODAL (P)

14 1 Habló Yahvé a Moisés, diciendo:
2 "Di a los israelitas que se vuelvan y
acampen frente a Pi Hajirot, entre Migdol y
el mar, enfrente de Baal Safón. Frente a ese
lugar acamparéis, junto al mar. 3 Faraón dirá
de los israelitas: Andan errantes en el país, y
el desierto les cierra el paso. 4 Yo endureceré
el corazón de Faraón, y os perseguirá; pero
yo manifestaré mi gloria a costa de Faraón y
de todo su ejército, y sabrán los egipcios que
yo soy Yahvé". Así lo hicieron.

14 8 Endureció Yahvé el corazón de Faraón
rey de Egipto, el cual persiguió a los
israelitas, pero los israelitas salieron con la
mano alzada. 9 Los egipcios los persiguie-
ron todos los caballos, los carros de Faraón,
con la gente de los carros y su ejército; y les
dieron alcance mientras acampaban junto al
mar, cerca de Pi Hajirot, frente a Baal Sefón.

14 10b los israelitas y clamaron a Yahvé.

14 15 Dijo Yahvé a Moisés: "¿Por qué si-
gues clamando a mí? Di a los israelitas
que se pongan en marcha. 16 Y tú, alza tu ca-
yado, extiende tu mano sobre el mar y diví-
delo, para que los israelitas entren en medio
del mar a pie enjuto. 17 Que yo voy a endu-
recer el corazón de los egipcios para que los
persigan, y me cubriré de gloria a costa de

pueblo: "No temáis; estad firmes, y veréis
la salvación que Yahvé os otorgará en este
día, pues los egipcios que ahora veis, no los
volveréis a ver nunca jamás. [14]Yahvé que
vosotros no tendréis que preocuparos".

14 [19]El Ángel de Yahvé que iba al frente
del ejército de Israel, y pasó a reta-
guardia. También la columna de nube de de-
lante se desplazó de allí y se colocó detrás,
[20]poniéndose entre el campamento de los
egipcios y el campamento de los israelitas.
La nube era tenebrosa y transcurrió la noche
sin que pudieran trabar contacto unos con
otros en toda la noche.

14 [21b]Yahvé hizo soplar durante toda la
noche un fuerte viento del Este que
secó el mar, y se dividieron las aguas.

14 [24]Llegada la vigilia matutina, miró Yah-
vé desde la columna de fuego y humo
hacia el ejército de los egipcios, y sembró
la confusión en el ejército egipcio. [25]Trastor-
nó las ruedas de sus carros, que no podían
avanzar sino con gran dificultad. Y excla-
maron los egipcios: "Huyamos ante Israel,
porque Yahvé pelea por ellos contra contra
los egipcios".

14 [27b]y al rayar el alba, volvió el mar a su
lecho; de modo que los egipcios, al
querer huir, se vieron frente a las aguas. Así
precipitó Yahvé a los egipcios en medio del
mar.

14 [28b]no escapó ni uno siquiera.

14 [30]Aquel día salvó Yahvé a Israel del
poder de los egipcios; e Israel vio a los
egipcios muertos a orillas del mar.

Faraón y de todo su ejército, de sus carros y
de los guerreros de los carros. [18]Sabrán los
egipcios que yo soy Yahvé, cuando me haya
cubierto de gloria a costa de Faraón, de sus
carros y de sus jinetes".

14 [21a]Moisés extendió su mano sobre
el mar, [21c]el mar, y se dividieron las
aguas. [22]Los israelitas entraron en medio del
mar a pie enjuto, mientras que las aguas
formaban muralla a derecha e izquierda.
[23]Los egipcios se lanzaron en su persecución,
entrando tras ellos, en medio del mar, todos
los caballos de Faraón, y los carros con sus
guerreros.

14 [26]Yahvé dijo a Moisés: "Extiende tu
mano sobre el mar, y las aguas vol-
verán sobre los egipcios, sobre sus carros y
sobre los guerreros de los carros". [27a]Extendió
Moisés su mano sobre el mar,

14 [28a]pues al retroceder las aguas cubrie-
ron los carros y a su gente, a todo el
ejército de Faraón, que había entrado en el
mar para perseguirlos.

14 [29]Mas los israelitas pasaron a pie enju-
to por en medio del mar, mientras las
aguas hacían muralla a derecha e izquierda.

#10. El desierto: de manera indirecta

Rev. Robert Wild

El desierto es uno de los temas de mayor importancia en la Biblia. La época del desierto fue el período decisivo de la historia primitiva de Israel. Si consideramos la historia de la relación de Dios con Israel como norma para nuestra propia relación con Yahvé, entonces el comprender y revivir lo que le pasó a Israel en el desierto es indispensable para nuestra propia relación con Dios. ¿Alguna vez hemos pensado seriamente en la idea de que una experiencia en el desierto pueda ser parte de la revelación para cada uno de nosotros, y que la revelación de esta experiencia en la vida del pueblo de Dios es una revelación en la cual todos, de alguna manera, debemos participar? Aunque en la Biblia haya cuatro palabras diferentes para describir el desierto, la usada más frecuentemente, se refiere al período de tiempo que Israel pasó en el desierto después de su éxodo de Egipto.

Suponemos que el pueblo de Dios tenía ganas de salir de Egipto, de su trabajo agotador y de todo aquello relacionado con su condición de esclavitud. Pero, no mucho después de su salida, las dificultades de Egipto les parecían mucho mejores comparadas con la situación en la que se encontraban en esos momentos. Nosotros también nos sentimos muy a gusto y cómodos con nuestras enfermedades de todo tipo (del cuerpo, pero sobre todo del alma) que preferimos quedarnos con ellas que esforzarnos por sanar. Por lo menos ya sabemos como arreglárnosla con nuestras enfermedades. Sabemos quiénes somos y que, aún estando enfermos, estamos sobreviviendo. Sentimos que algunas de nuestras enfermedades se desaparecen al entrar en el desierto y la idea de la salud nos asusta. El mundo de purificación total puede que sea más aterrador que Egipto. El desierto es un lugar que amenaza la propia existencia del pueblo elegido de Yahvé.

¿Por qué es el desierto tan amenazador? Es amenazador porque es el lugar en que se carece de todo el apoyo que creemos es necesario para nuestra existencia. El diálogo, que ordinariamente sostenemos con otras personas, está ausente. Las demás personas son un de apoyo importante para asegurarnos que no estamos solos en el universo. Decimos que hay un Otro presente en nuestras vidas, la Persona sobre todas las personas. Pero en el desierto, el desafío que tenemos es de poner toda nuestra confianza en este Otro. Ahora tenemos que poner nuestras vidas a donde nuestros pensamientos piadosos nos dieron la ilusión de estar "en casa" con Dios. Debemos aprender, por la experiencia adquirida, a decir: "Señor, tú eres persona y presencia y compañía suficiente para mí". Es en el desierto donde esa frase ya no es una hermosa poesía, sino una cuestión de vida o muerte.

El desierto es aterrador por su silencio y su falta de actividad normal asociada con el "vivir". Nosotros asociamos ruido y actividad con vivir. Cuando algo esta ocurriendo, o mejor dicho, cuando estamos haciendo que algo ocurra, nos serenamos, ya que entendemos de que somos alguien. En el desierto hacemos frente a la experiencia de que el existir, es la más grande y fundamental actividad de la cual somos capaces. Somos desafiados a experimentar si somos capaces de existir de manera significativa en este, el más básico nivel. Somos desafiados a decir, no simplemente frases piadosas, sino que somos capaces de pronunciar frases como "Señor, tú eres mi vida". Generalmente decimos esto y continuamos con otras cosas, por si acaso el Señor no fuera suficiente.

Si estamos dispuestos, por algún tiempo, a experimentar la pérdida de estas actitudes superficiales de la vida, entonces Dios puede manifestar su poder. El desierto es también la etapa que ilumina brillantemente el poder de Dios y su disposición para disipar la amenaza. En realidad, Dios nos mantiene todo el tiempo con su poder el cual nosotros podemos fomentar al renunciar a los sustentos superficiales que nos da Egipto. ¿Permitiremos concientemente que su poder entre dentro de nosotros por y a través de una experiencia en el desierto? Yahvé sabe que el desierto puede ser este sitio en el cual descubrimos tanto su poder como su presencia, y por eso él nos conduce hacia allí.

Nuestra dependencia radical en Dios no es un acontecimiento esporádico, ocurriendo quizás una vez a la semana. Es constante. Esta es una lección que es difícil de aprender y de vivir. Enseñar esta lección fue parte de la disciplina del desierto de Yahvé. Yahvé ayuda a su pueblo en el desierto de día a día. A Israel no se le permite vivir con seguridad para que no se le olvide la absoluta dependencia en su Dios. El tiempo en el desierto es un tiempo para experimentar una constante dependencia. Nuestra tentación es la de llamar a Dios de vez en cuando, especialmente cuando la vida se pone difícil; el resto del tiempo estamos bajo la ilusión que podemos lograrlo por nuestra cuenta. La tentación del pueblo en el desierto fue la de continuar con esta seudo existencia exigiendo grandes cantidades de pan para que así no tuvieran que pasar la noche pensando en si Dios les alimentaría en la mañana.

Pero Dios no da almacenes desbordantes de comida superficial en el desierto. Dios alimentó a su pueblo un día a la vez. Fuera del desierto, donde la ilusión de podernos mantener a nosotros mismos es lo usual, el planear y el llenar graneros es parte de la vida. Descansamos seguros dentro de nuestros almacenes. Ocasionalmente nos volvemos a Dios para agradecerle por la gran abundancia y de ves en cuando nos entra un poco de pánico cuando estas empiezan a disminuir. En el desierto los almacenes siempre están vacíos. Es un tiempo para aprender a vivir, minuto a minuto, con total dependencia.

La desorientación y confusión del desierto es una preparación para otros encuentros más profundos. Varios sucesos decisivos ocurren en el desierto, estos eventos decisivos y normativos para la vida religiosa de Israel. El primero de estos sucesos cruciales es la revelación del nombre de Dios. Cada persona es un pequeño universo de por sí, y cada persona experimenta la realidad de forma ligeramente diferente que la siguiente persona. Esto es también verdad de nuestra experiencia y en nuestra relación con Dios. Aunque todos le damos el mismo nombre—Dios—él es en realidad especial para cada uno de nosotros y en cierta manera tenemos nuestro propio nombre especial para él—lo que él es o lo que representa para nosotros. En el desierto, cuando los sustentos de nuestro mundo personal se han eliminado, surge un nuevo nombre para Dios y se nos revela. Al igual que en la historia de Israel, el nombre de Dios cambiaba de acuerdo con la manera en que lo iban experimentando en las diferentes culturas y situaciones, también en nuestra vida personal, el nombre de Dios, de cierta manera, esta constantemente cambiando o por lo menos así debería de ser. Dependiendo del tipo de Egiptos que estamos tratando de dejar atrás,

Dios se nos revelará en el desierto como: "Aquel-quien-me-da-valor", o como "Aquel-quien-me-sostiene-en-la-oscuridad", o como "Aquel-quien-es-el-centro-personal-de-todo." En el desierto Dios nos revelará su nombre, igual como se lo reveló a Moisés (véase Éxodo 3,6).

Con la revelación de su nombre, Dios hace del desierto el lugar en donde la relación personal empieza. Presentarnos a nosotros mismos, es el primer paso a la conversación. Se puede decir que la vida religiosa de Israel en colaboración con Yahvé empieza en el desierto. El desierto es el lugar de la revelación inicial y fundamental de Dios a su pueblo. Por lo tanto, el desierto es el lugar donde se crean alianzas y donde se dan leyes. Es una extraña paradoja el decir que, aun cuando Israel salió de Egipto como pueblo, aún no era un pueblo, una unidad, con vínculos comunes y un Dios común. En el desierto Dios puso orden al caos de Israel. De una multitud de tribus desunidas formó un pueblo. La unidad de ellos surgió al enfrentarse juntos a la montaña de Dios y al prometerle su lealtad y sus vidas.

Lo mismo nos sucede a nosotros. Se presume que entramos al desierto como una persona entera y pronto descubrimos nuestra fragmentación. También nosotros somos como una federación de tribus sueltas y en guerra. A través de la desnudez, que se experimenta en el desierto, Dios desea unirnos, para que experimentemos las leyes básicas de nuestra vida con él, para permitirnos que experimentemos estas leyes como fuentes de vida. A través de un tipo de unificación, un indefinido y general "Dios", se convierte en "mi Dios" y la universal "Palabra a la humanidad" se convierte en "la Palabra de Dios para mí". El desierto fue el seno de la religión del Antiguo Testamento. ¿Pudiera ser que este fuera el caso para cada uno de nosotros, una experiencia en el desierto en donde la alianza personal se convierte en una realidad que une nuestra fragmentación?

La dependencia total es una lección difícil de aprender. Porque el desierto carece de todas formas visibles de sustento, es el lugar donde nuestra falta de confianza y fe son más aparentes. El desierto también es el escenario donde del pecado de Israel sale inmediatamente a la luz. Descubrimos rápidamente que Dios no nos es suficiente. Nos alegramos por un ratito corto, mientras nos alimentaba, mientras nos revelaba su nombre, mientras nos revelaba sus leyes básicas para la vida. Pero pronto nos olvidamos. Pronto empezamos a murmurar y anhelar por la vida de Egipto. Soportamos poco la realidad. De vez en cuando, la gran tentación que se enfrenta en el desierto es la de salirse.

Israel intenta acortar el tiempo de espera, buscando escapar del desierto antes de que Dios se los permitiese. Esta es nuestra tentación también, acortar el tiempo, hacer que nuestro horario sea el horario de Dios, y arreglar de tal manera nuestra estadía en el desierto para que sea lo suficientemente larga y así resulte interesante, sin poner en peligro nuestros apoyos normales. Hasta que el Señor no venga en toda su abundancia, necesitamos aferrarnos a un ídolo. Fuera del desierto los substitutos para Dios permanecen más seguros. En el desierto la única imagen que Dios nos permite es la de su nombre que cambia, mientras tengamos el valor de permitir que la presencia de Dios entre cada vez más y más a nuestras vidas. Pero una relación así de variable es demasiada imprecisa para nosotros. Necesitamos algunos ídolos que no cambien, necesitamos poder descansar sobre algunas imágenes antes de continuar nuestro viaje. *La revelación del nombre de Dios es olvidada a cambio de una imagen visible.*

Tomás Merton alguna vez escribió que muchos salen de Egipto, pero que pocos llegan a la tierra prometida. Intuimos que debemos salir de Egipto, pero una vez que llegamos al desierto ya no estamos tan seguros. Las delicias del desierto solo se pueden ser reveladas cruzándolo y confiando en el Señor.

En el Libro del Éxodo hay un muy bonito pasaje sobre cuán delicadamente Dios nos trata en este viaje. "Cuando el Faraón dejó salir al pueblo, Dios los dejó llevó por el camino del país de los filisteos, aún que era más corto; pues dijo: 'No sea que al verse atacado, el pueblo se arrepienta y se vuelva a Egipto'. Dios hizo rodear al pueblo por el camino del desierto del mar de Suf" (13,17–18). En los planes de viaje que tiene Yahvé para nosotros, el desierto nos parece como una pérdida de tiempo y verdaderamente una manera indirecta de acercarse al meollo del asunto. Nos gustaría ponernos en camino y ganarles a los filisteos, entrar en la tierra prometida y dar todo por terminado. ¿Por qué todo esto del desierto? En la mente del Señor, parece que existe la idea de que antes de poder luchar contra los filisteos de nuestras vidas y de nuestras sociedades, tenemos que aprender el arte de la lucha por la vida en su nivel más profundo. ¿Y cuál es el plan de batalla en el desierto? Paradoja de paradojas, es el de mantenernos tranquilos y dejar que Yahvé luche por nosotros: "Moisés respondió al pueblo: 'No teman; permanezcan firmes, y verán la salvación que Yahvé les otorgará en este día, pues los egipcios que ahora ven, no los volverán a ver nunca jamás. Yahvé peleará por ustedes; ustedes no se preocupen'" (Éxodo 14,13–14).

En el desierto aprenderemos a vivir en el ritmo de los manantiales que dan la vida solo si permitimos que todos nuestros apoyos frívolos caigan al borde de la carretera mientras viajamos. En el desierto la pregunta más incomoda que se hace cualquier ser humano—"¿Está Yahvé entre nosotros o no?" (Éxodo 17,7)—será experimentada y contestada con más profundidad y claridad que lo que jamás hubiésemos soñado: "Ahora conozco que Yahvé es más grande que todos los dioses" (Éxodo 18,11).

Originalmente fue publicada en inglés por *Word from Poustinia* (Denville, NJ: Dimension Books, 1978, 2006). Usado con permiso.

Rev. Robert Wild, postulador de la causa de Catherine Doherty

#11. Fuentes del Pentateuco

Brian Schmisek

Durante siglos, muchas personas creyeron que el *Pentateuco* había sido escrito por Moisés. La palabra *Pentateuco* proviene del griego y con ella designa a los primeros cinco libros de la Biblia o el Torá. El mismo Jesús en el Evangelio de Mateo 8,4 dice a los leprosos, a los cuales curó, que vayan a ofrecer el sacrificio que prescribió Moisés (véase Lev 14,2–9). Jesús también habla sobre como Moisés permitía el divorcio (Mateo 19,8; Marcos 10,3–4). Pero quizás el ejemplo más claro se encuentra en Marcos 12,26 cuando Jesús dice: "Ustedes han leído en el libro de Moisés..." y prosigue citando Éxodo 3,6. Con una autoridad tan grande como la de Jesús citando del "libro de Moisés" no había necesidad, ni deseo, de cuestionar si Moisés había sido o no el autor. Hoy en día los eruditos al hablar del Pentateuco o el Torá, se siguen refiriendo a él como el libro de Moisés, pero no afirman que fuera Moisés quien escribió el manuscrito.

A través de los siglos los eruditos han expuesto ciertos aspectos de la Torá que serían absurdos de ser Moisés el autor. Por ejemplo, hay una lista de los reyes que reinaron en Edom en Génesis 36,31–39 quienes vivieron después de que Moisés había muerto, de hecho, aun después de que Israel había ya sido gobernado por reyes. El autor reflexiona acerca del estado previo de las cosas, tal como cuando menciona dos veces que los cananeos estuvieron en la tierra (Génesis 12,6; 13,7). Estas alusiones nos indican que el autor esta escribiendo en la época en que los cananeos ya no se encontraban más en la tierra, en otras palabras, después del tiempo de Moisés.

Si asumiésemos que Moisés fuera el autor de el Torá, habría otras peculiaridades, incluyendo la referencia de que Moisés era "un hombre muy humilde, más que hombre alguno sobre la faz de la tierra" (Números 12,3) ¿El hombre más humilde sobre la faz de la tierra escribiría eso de sí mismo? Pero, probablemente el aspecto más peculiar sobre si el autor de Éxodo fue Moisés, se encuentra en Deuteronomio 34 en donde se narra la muerte de Moisés. Ciertamente Moisés no escribió eso. Estos ejemplos y otros no incluidos aquí ciertamente argumentan en contra de la posibilidad de que Moisés fuera el autor. Entonces, si Moisés no fue el autor de esta gran obra, ¿quién fue?

No debe de sorprendernos que la elaboración del Pentateuco haya sido una historia larga y compleja. Para los objetivos buscados en este estudio bíblico, vamos a simplificar un poco la historia. Es necesario saber que algunos eruditos bíblicos han dedicado su carrera entera ha determinar las fuentes del Pentateuco y que todavía hay mucho más que decir acerca de esto. Para nuestras necesidades, presentaremos un esquema práctico a utilizar durante estos cuatro años de estudio. Las fechas que presentamos han sido generalmente aceptadas por la mayoría de los eruditos, aunque en la esfera de la crítica de las fuentes del Pentateuco no se tiene una certeza del 100 por ciento. De esta manera es más parecido a los estudios de la arqueología que a los matemáticos.

El Pentateuco se formó durante un período de varios cientos de años incorporando viejas tradiciones, adaptando las historias y adecuando el material de acuerdo con la audiencia a la cual iba dirigido. Parte del material más antiguo del Pentateuco probablemente data de los tiempos del éxodo (por ejemplo, La Canción de María en Éxodo 15) y el material más reciente data de los tiempos de después de la deportación del pueblo judío a Babilonia. Se sigue debatiendo que tan antiguas son las leyendas e historias orales que datan de antes de los eventos narrados en el éxodo. Todo esto nos da, aproximadamente, un margen de entre 700 y 800 años para la composición de la Torá.

No debe sorprendernos escuchar diversas voces en el Torá, que reflejan diferentes períodos históricos y diferentes ideas acerca de Dios. Los eruditos han encontrado cuatro diferentes voces en el Pentateuco. Pensemos que las voces se mezclan como las de un soprano, un barítono, un tenor y un contrabajo. Algunas veces el lector escucha la armonía, otras veces desarmonía. Las cuatro voces del Pentateuco tienen diferentes nombres: yahvista, elohista, sacerdotal (P viene del alemán *Priester,* "sacerdote") y deuteronómica.

Las fuentes yahvista y elohista son las más antiguas de las cuatro, teniendo su origen en la división del reino, en el período entre el 922–722 a.C. Generalmente los yahvistas representan la perspectiva del reino del sur (Judea) y los elohistas muestran la perspectiva del reino del norte (Israel).

La fuente yahvista es llamada así porque ellos se refieren a Dios en su narración como *YHWH* o *YHWH Elohim*. Las fuente yahvista comúnmente se abrevian como J, debido a que los eruditos alemanes propusieron esta teoría y en la lengua alemana la palabra comienza con J en lugar de Y. De cualquier manera, la voz yahvista comienza con la historia del "hacer", porque utiliza la palabra *hacer* en lugar de la de *crear* y *polvo* del *suelo* en lugar de *tierra*. YHWH hace a los seres vivos, planta jardines y camina alrededor del jardín a la hora que sopla la brisa. YHWH habla con los seres humanos y moldea cosas del barro. YHWH huele la suave fragancia del sacrificio ofrecido por Noé. Los eruditos bíblicos llaman este tipo de narración "antropomórfica". En otras palabras, es YHWH en forma humana o haciendo cosas como los humanos las harían. La fuente yahvista, especialmente en sus historias de la *historia primitiva,* describe la condición human y la ve como resultado de la fragilidad humana y su inclinación hacia deseos egoístas. A pesar de esto, YHWH extiende su amor, ternura y misericordia a los seres humanos.

Los elohistas prefieren el termino *El* o *Elohim* para hablar de Dios. La manifestación de Dios a Moisés en la zarza ardiente en el monte Horeb es importante (Éxodo 3,1; 4b, 6; 9–15). Ahí Dios se revela a sí mismo no como YHWH, sino al decir: "Yo soy el Dios de tu padre, de Abrahán, el Dios de Isaac y el Dios de Jacob" (Éxodo 3,6). La voz elohista empieza no con la Creación sino con Abrahán (Génesis 15,1–6). La fuente elohista está interesada en las tradiciones del norte y en los lugares sagrados (Betel, Penuel, Reubén y no con Judea). Muestra especial preocupación por los pobres, y hace suyos muchos de los temas tratados por los primeros profetas y por el Deuteronomio. La fuente elohista reflexiona en el problema del pecado, aunque no a través de la gran historia de la primera pareja. Inculca "miedo a Dios", que implica temor, obediencia y lealtad de parte del ser humano hacia lo divino. En la fuente elohista Dios frecuentemente se comunica a través de los sueños. Aunque la comunicación o revelación suprema de Dios ocurre en el monte Horeb con la zarza ardiente y la alianza. La fuente elohista también cuenta la historia de la apostasía de Aarón y la elaboración del becerro de oro. La fuente elohista esta en contra de los ídolos.

Cuando el reino del norte fue destruido por los asirios alrededor del año 722 a.C., muchos buscaron refugio en Judea. Evidencias arqueológicas indican que Jerusalén experimentó una expansión considerable durante esa época. Los eruditos creen que fue durante esta época cuando los textos yahvistas y elohistas fueron entremezclados y formaron una narración. Esta narración cuenta la historia desde la Creación hasta la muerte de Moisés. Aunque también tenía material que otras escuelas teológicas encuentran discutible. Por ejemplo, el texto JE presenta a un Dios antropomórfico quien acepta los sacrificios que se le ofrecen y se comunica con las personas por medio de sueños. El texto de JE relató la historia de Aarón y del becerro de oro. Quizás como respuesta o con la intención de reemplazar el texto de JE, los sacerdotes que descienden del linaje de la casa de Aarón escribieron otro relato que comienza con la Creación y termina con la muerte de Moisés. Los eruditos se refieren a este como el relato de la fuente sacerdotal (P).

Es impresionante la forma como la fuente sacerdotal representa a Dios, empezando con la historia de la Creación (Génesis 1,1–2; 4a). Dios se encuentra en su trono en las alturas. Dios no moldea las cosas con barro, pero crea con su palabra. Dios no es antropomórfico, y no se comunica por medio de sueños. En el relato sacerdotal no hay ángeles; son solamente los sacerdotes que descienden del linaje de Aarón quienes ofrecen sacrificios a Dios en el Templo. La versión sacerdotal de la historia no presenta el relato del becerro de oro. Por el contrario, Aarón es presentado como la persona, por medio de la cual, ocurren milagros y maravillas. Por ejemplo, en el relato JE las plagas ocurren por la acción del callado de Moisés, mientras que en el relato P es el callado de Aarón. Incluso, P nunca utiliza ciertos términos como: compasión, misericordia o arrepentimiento. La manera en que se dirige a las deidades es a través de los sacerdotes de la descendencia de Aarón. Son solamente esos sacerdotes a quienes les es permitido el ofrecer sacrificios. Aun los sacerdotes descendientes de Leví son presentados como de segunda categoría. La fuente sacerdotal muestra gran preocupación por los números, generaciones y linajes genealógicos. Es así como el relato sacerdotal hace contrapeso al JE.

La cuarta fuente del Pentateuco se le llama deuteronómica porque solamente aparece en el Libro del Deuteronomio. Se puede decir que hay tres fuentes (J, E y P) para el Tetrateuco (Génesis, Éxodo, Levítico y Números) y cuatro fuentes (J, E, P y D) para el Pentateuco (Génesis, Éxodo, Levítico, Números y Deuteronomio). La fuente deuteronómica ha complicado la historia ya que se origina en los círculos proféticos del norte (al igual que E). El Deuteronomio no se ocupa de Aarón como lo hace la fuente sacerdotal. Por el contrario, el Deuteronomio menciona a Aarón, solamente dos veces una vez para decir que fue quien construyó el becerro de oro y la otra para decir que murió. En el Deuteronomio se enseña la justicia retributiva, en otras palabras, a los buenos les suceden cosas buenas y a los malos les suceden cosas malas. (Más tarde los libros de la Biblia llamados libros sapienciales y algunos de los profetas tendrán que hacer frente a los retos y a los efectos de esta manera de pensar). El Deuteronomio exhorta a las personas a seguir la ley de Dios y así vivirán largos años en esta tierra. La teología del Deuteronomio parece haber sido la fuerza que guió las reformas que llevaron a cabo Ezequías y Josías. Se pueden resumir las enseñanzas del Deuteronomio como: hay solamente un santuario, un pueblo y un Dios. El único santuario es el Templo; el pueblo es uno, aun cuando se ha dividido en dos reinos y adoran a un solo Dios. Así que no es de sorprenderse que veamos un énfasis férreo en contra de adorar a un Dios fuera de Jerusalén y contra la idolatría. El Deuteronomio es también la base sobre la que se asentará la siguiente sección de la Biblia, la historia deuteronomista, o sea Josué, Jueces, 1 y 2 Samuel y 1 y 2 Reyes.

Poco tiempo después de la deportación del pueblo judío a Babilonia las diferentes fuentes fueron recopiladas y el relato JE sobre la muerte de Moisés (Deuteronomio 34) fue movido al final del Deuteronomio. El ser Esdras el primer escriba, de quien se sabe, tenía una copia de los rollos de la Ley de Moisés (Ne 8,1–8), algunos creen que pudo haber sido la persona que redactó la versión final del documento. Entonces el Torá hubiera sido completado en el período posterior a la deportación.

Las cuatro voces de J, E, P y D se acoplan bien algunas ocasiones, pero otras no tan bien. Existen en la Torá algunas inconsistencias (como cuando dice que la expectativa de vida de una persona era de 120 años, mientras que otros vivían más de eso). Pero en su mayoría las fuentes fueron combinadas para crear una sola y continua narrativa que cuenta la historia desde la Creación del mundo hasta la muerte de Moisés. Aun más que eso, el Torá proporciona la ley por medio de la cual la comunidad del pueblo de Dios deberá vivir en armonía unos con otros y con la tierra. En el Torá, la historia de nuestros antepasados en la fe, encontramos nuestra propia historia, porque la Palabra de Dios no está muerta, sino que es "viva y eficaz" (Hebreos 4,12).

Brian Schmisek, Ph.D., es director del Instituto de Estudios Pastorales de la Universidad Loyola de Chicago. Tiene un doctorado en estudios bíblicos de la Universidad Católica de América en Washington, DC.

#12.
Auto-examen: mitad del Módulo II

Ponga la letra frente a la oración que corresponda:

______ 1. Hijo de Adán y Eva que fue asesinado por su hermano
______ 2. Dio un discurso de despedida en el Deuteronomio
______ 3. Fue marcado por Dios para protegerlo
______ 4. Formada de la costilla del "hombre"
______ 5. Primera persona, hecha del polvo de la tierra
______ 6. Se le dio el signo del arcoíris
______ 7. Lugar donde murió Moisés
______ 8. Lugar mítico donde el arca atracó
______ 9. Tierra mítica del paraíso
______ 10. Historia mesopotámica similar a la historia bíblica del diluvio
______ 11. Forma literaria que hace uso de historias para explicar realidades profundas de la experiencia humana
______ 12. Templo-torre mesopotámica

a. Abel
b. Adán
c. Caín
d. Edén
e. Epopeya de Gilgamés
f. Eva
g. Moisés
h. Monte Ararat
i. Monte Nebo
j. Mito
k. Noé
l. Zigurat

Escriba en orden los libros del Pentateuco, y cuidando la ortografía:

13. ______________________
14. ______________________
15. ______________________
16. ______________________
17. ______________________

Nombre cada una de las fuentes del Pentateuco y de cada una de dos de sus características:

Nombre	Dos características:
18. ______________	a. ______________
	b. ______________
19. ______________	a. ______________
	b. ______________
20. ______________	a. ______________
	b. ______________
21. ______________	a. ______________
	b. ______________

Lea los siguientes pasajes de la Escritura y diga a que fuente pertenecen (por ejemplo, J, E, P, D):

______________ 22. Génesis 1,5
______________ 23. Deuteronomio 6,1
______________ 24. Génesis 10,6–7
______________ 25. Génesis 2,18

Respuestas al auto-examen: mitad del Módulo II

1. a
2. g
3. c
4. f
5. b
6. k
7. i
8. h
9. d
10. e
11. j
12. l
13. Génesis
14. Éxodo
15. Levítico
16. Números
17. Deuteronomio
18. Yahvista
19. Elohista
20. Sacerdotal
21. Deuteronomista
22. Sacerdotal
23. Deuteronomista
24. Sacerdotal
25. Yahvista

(Véase la Lectura complementaria #11 para profundizar en las características).

#13.
El génesis de la liberación: Moisés atado y desatado

Lydia Champagne, CSJ

Siempre es aterrador darse cuenta de que el trabajo que tienes por delante es más de lo que puedes hacer y en medio del temor, el saber que es completamente posible fracasar y decepcionar a otros en el proceso. La experiencia de debilidad y miedo, la sensación de vacío y pobreza deberían establecer lazos inmediatos entre nosotros y todo ser humano. Pero, cuando esta experiencia es profunda, se nos desmoronan los cimientos, de tal manera, que llegamos a pensar que nunca nadie más se ha sentido así. Tan dolorosa como este tipo de experiencia pudiera parecer, es, creo yo, precisamente el tipo de experiencia que nos puede llevar a nuestra liberación, y por consecuencia, a la de muchos otros. Esta fue, al parecer, el tipo de experiencia que tuvo Moisés y que lo lanzó al centro del escenario de la historia de la salvación. Es en su historia que podemos leer el origen de la liberación.

Moisés atado

De muchas maneras su experiencia se parece a la nuestra. En un mundo donde, para sus parientes hebreos, el trabajo duro y la inanición eran verdades aterradoras, él fue destinado al privilegio. Tuvo lo mejor de los dos mundos. Al ser criado como hebreo por su propia madre—a costa de la hija del Faraón—le dio solidaridad religiosa con sus familiares que sufrían y también una seguridad material que ellos no podían tener. Él conocía las realidades de la opresión desde adentro sin tener que experimentar de manera personal las privaciones. Al ser parte de la corte del Faraón, estaba exento de todas las leyes de la esclavitud que pesaban sobre sus compañeros hebreos. Pero el lazo con sus familiares fue lo suficientemente fuerte como para involucrarlo en la arena política antes de tiempo. Así lo dice Éxodo: "En aquellos días, sucedió que crecido ya Moisés, salió a sus hermanos, y los vio en sus duras tareas, y observó a un egipcio que golpeaba a uno de los hebreos, sus hermanos. Entonces miró a todas partes, y viendo que no parecía nadie, mató al egipcio y lo escondió en la arena" (Éxodo 2,11–12).

En un rápido acto de violencia, el joven Moisés tomó en sus propias manos el derecho que tenia un hombre de vivir. Su intento de poner alto a la opresión fue, a su vez, un acto de opresión. En vez de hacerle el campeón entre su gente, los hizo sospechar que estando con él ellos no estaban seguros. El pasaje continúa:

> Al día siguiente salió y vio a dos hebreos que reñían; entonces dijo al que maltrataba al otro: "¿Por qué golpeas a tu prójimo? Y él respondió: ¿Quién te ha puesto a ti por príncipe y juez sobre nosotros? ¿Piensas matarme como mataste al egipcio?" (Éxodo 2,13–14)

El autoproclamado liberador de su pueblo descubrió pronto en su carrera que la cura para la violencia no es más violencia, y que el remedio para no ser dominado por una persona de fuera no es el de ser dominado por una de dentro. Todavía tenía que aprender que para poder liberar a otros hay que tener un corazón libre.

El comentario del hebreo lo aterró. Éxodo continúa: "Entonces Moisés tuvo miedo, y dijo: Ciertamente esto ha sido descubierto. Oyendo Faraón acerca de este hecho, procuró matar a Moisés; pero Moisés huyó de delante de Faraón, y habitó en la tierra de Madián" (Éxodo 2,14–15). La fulminante venganza de Moisés no ayudó a cambiar el balance del poder en Egipto, pero sí precipitó un cambio en el futuro de Moisés y de todos cuya postura religiosa estaba de alguna manera relacionada con él.

Moisés: el fugitivo

Moisés entró en el desierto como un fugitivo en vez de cómo un contemplativo. Dentro de su alma era un hebreo, no un egipcio. Su corazón estaba del lado del los oprimidos. Tomó consigo su indignación a la tierra de Madián y poco después volvió a darla rienda suelta en favor de los oprimidos, siendo esta vez las mujeres del pozo madianita. Según el Libro del Éxodo, el machismo estaba incontrolable en el desierto de Madián. Éxodo dice:

> Y estando sentado junto al pozo, siete hijas que tenía el sacerdote de Madián vinieron a sacar agua para llenar las pilas y dar de beber a las ovejas de su padre. Mas los pastores vinieron y las echaron de allí; entonces Moisés se levantó y las defendió, y dio de beber a sus ovejas. (Éxodo 2,16–18)

Después de este incidente, él, tranquilamente pastoreaba su rebaño a una distancia segura y lejana de los barrios deprimidos donde la opresión de su pueblo continuaba en aumento. Su frustración y aislamiento se profundizaron, como lo indica en el nombre que le dio a su primogénito. Lo llamó Gersón, que quiere decir: "Forastero soy en tierra ajena".

Aunque parezca muy atractivo, alguien que experimenta solidaridad con aquellos que sufren, no puede conformarse con la vida aislada de un madianita. Pero puede suceder que dejemos nuestros Madianes cuando nosotros consideramos que es tiempo y nos encontremos con que estamos tan vacíos como cuando entramos. Moisés pudo mantener el balance delicado. Su hora fue oportuna. El momento llegó cuando vio la conexión entre su activismo violento y su parálisis en el desierto, entre el desierto fuera de él y aquel de su interior, entre su impotencia y el poder de Yahvé. Este fue el momento en que una zarza en el desierto ardió con una llama que no la destruía pero que le daba más belleza, y Moisés supo que estaba sobre tierra sagrada.

En la experiencia de la zarza ardiente, Moisés fue purificado por el fuego, como también le pasaría a Isaías (Isaías 6,6–7), y el fuego era la experiencia abrasadora de la amorosa presencia de Dios. Pero también había un poco de Jeremías en él, cuando responde a las demandas de Yahvé cinco veces y cinco veces se tuvo que rendir: "Ven, por tanto, ahora, y te enviaré a Faraón, para que saques de Egipto a mi pueblo, los hijos de Israel. Entonces Moisés respondió a Dios: "¿Quién soy yo para que vaya a Faraón, y saque de Egipto a los hijos de Israel?" (Éxodo 3,10–11). Era una pregunta necesaria porque enunciaba el conocimiento de su propia impotencia y recordaba la garantía de Dios, "Yo estaré contigo", lo cual le daba fortaleza. También logró Moisés que se le diera un símbolo de la autenticidad de su misión: "Esto te será por señal de que yo te he enviado", dice Yahvé, "cuando hayas sacado de Egipto al pueblo, serviréis a Dios sobre este monte" (Éxodo 3,12).

La verdadera experiencia contemplativa no es aislante. Libera a las personas de sus propios límites estrechos y las manda a liberar a otros, no solo de la opresión física, sino que también de cualquier cosa que les evita el alabar a Dios de manera total. Tenemos abundantes evidencias de que las reformas sociales no liberan automáticamente a los seres humanos dejándolos en posibilidad de realizar las actividades para las cuales fueron creados y que los que estaban oprimidos, una vez que obtienen su libertad social y política, a menudo se convierten en opresores. Cuando Jesús mismo rechazó la tentación de convertir las piedras en pan, estaba rechazando un mesianismo estéril. Él podía alimentar a los hambrientos, y lo hizo, pero rehusó conformarse solamente con pan o dejar que sus discípulos se conformaran.

Más tarde Moisés llegaría a comprender por completo el significado de la señal prometida: de que la liberación culminaría en alabanza, pero, mientras aún ardía la zarza, temía que, sin informes y datos muy convincentes, nunca podría movilizar a una multitud de esclavos o forzar al Faraón a rendirse ante una resistencia pacífica. "Si voy a los israelitas y les digo: 'El Dios de sus padres me ha enviado a ustedes', y ellos me preguntan: '¿Cuál es su nombre?', ¿qué les responderé?" (Éxodo 3,13).

Los expertos aún debaten el punto que, si la respuesta de Dios fue una respuesta o no, pero aparentemente Moisés no tuvo ningún problema con la respuesta. "Yo soy el que soy" fue para él una confirmación de lo que estaba experimentando. Quería decir que Dios era verdadero, que está aquí, que estará conmigo, y que eso hará toda la diferencia. Una manera de traducir el hebreo es "Estaré allí como yo soy". Esta es una garantía de su presencia y trascendencia. Es una garantía de que la persona que a él se dirige tiene el poder de hacer lo imposible y que él ha escogido ponerlo todo a disposición de Moisés. Este Prometeo hebreo no tiene que robar el fuego de los dioses. Yahvé enciende una chispa en el corazón de Moisés y lo manda a encender una llama en el corazón de su pueblo. La zarza ardiente, la columna de fuego, los relámpagos de Sinaí, las lenguas de fuego en Pentecostés—todas son imágenes de la misma presencia ardiente que no consume lo que toca.

La transformación de Moisés en este momento es dramática. Aún tiene sus temores acerca de su regreso a Egipto y de hablar con el Faraón, pero habiéndose encontrado con el Dios vivo, tiene ahora una misión importante. Es enviado al corazón de la lucha política para atacar el poder del Faraón sin más armas que el poder de Dios. Al atacar el sistema, no ha de perder el tiempo en las cosas secundarias. Va inmediatamente al hombre que se encuentra en el centro. Los apóstoles con poca experiencia han compartido el mismo temor de Moisés acerca de la insuficiencia de sus palabras, pero Yahvé le dio a Moisés la misma garantía que después reiteraría Jesús: "No te preocupes por lo que vas a decir. Se te dará poder de las alturas".

Libertad puesta a prueba

Por razón de su poder, Moisés se convierte en un hombre nuevo. Yahvé manda al temeroso fugitivo a empezar su nueva misión. Su experiencia contemplativa lo fuerza a dejar su desierto y convertirse en un desafiador de conciencias, un activista político, un reformador social, un organizador de la comunidad y el primero de una larga lista de profetas.

El encuentro de Moisés con el Dios vivo le da el valor que necesita para regresar a Egipto y empezar el trabajo que se le había mandado a hacer. Pero esto no cambia de manera significativa a ninguna otra persona, no viene acompañado de ningún otro cambio que le ayude a que su trabajo sea fácil.

Yahvé le había advertido que Faraón sería obstinado, pero ¿quién se hubiera imaginado que los mismos hebreos resistirían su propia liberación? Moisés tiene que aprender por sí mismo que por alguna misteriosa razón, todo esclavo ama sus cadenas. Cuando su primer contacto con Faraón trae represalias para los albañiles, ellos invocan la cólera de Dios sobre el bienintencionado Moisés. Cuando él y Aarón continúan su negociación colectiva a favor de los esclavos, no encuentran aprobación por parte de la multitud. Aun cuando finalmente marchan hacia la libertad, la multitud se queja sobre el itinerario. Cuando ven las fuerzas del Faraón persiguiéndoles, su oposición a ser liberados se vuelve más y más elocuente: "¿Acaso no había sepulturas en Egipto para que nos hayas traído a morir en el desierto? Pues más nos vale servir a los egipcios que morir en el desierto" (Éxodo 14,11–12).

Yahvé nunca no le había dicho que sería así. La oposición por parte de Faraón Moisés la podía comprender. Pero él ha comprendido, por la de malas, que por los cautivos se tiene que pagar rescate. Raras veces están dispuestos a pagarlo por sí mismos. Desde fuera, se ve que la multitud anda por buen camino, aunque sea a regañadientes. Pero la liberación del interior, la libertad del espíritu, aún no figura en el mapa. Aun para Moisés, el fuego en su corazón solo aguanta cierta cantidad de agua fría. Para él también, la liberación es un proceso, no un momento inolvidable. Para él, será completa solo cuando muera en paz—en el lado equivocado de los límites de la tierra prometida.

Hay un "breve momento de luz resplandeciente" cuando Moisés y su pueblo se juntan en una explosión de júbilo. Al otro lado del mar de Cañas, estando fuera del alcance de Faraón. En la multitud entera hay un sentimiento de triunfo que expresan a través de la precioso Canto de Miriam o María (véase Éxodo 15,20–21). Pero al entrar en su propio desierto, entran con todos sus temores e inseguridades, su miopía y falta de entendimiento sobre el significado de todo esto. Continúan quejándose y desconfiando de Moisés. Idealizan el pasado, deseando las ollas de carne y olvidando a quienes los tiranizaban. Realizan todo el viaje como un grupo niños mimados que van disgustados, quienes dan muestra de la fortaleza de su carácter solo de vez en cuando. Se portan muy bien en el Sinaí, pero pronto la alianza se ve desmoronada a los pies del becerro de oro. Tendrá que ser renovada una y otra vez en una larga tradición que empezó cuando Moisés se quitó los zapatos.

La libertad en tensión

La transformación radical de Moisés lo sitúa en medio de una constante dialéctica entre Dios y su pueblo. Él no es simplemente un portavoz de alguna de las dos partes ya que su corazón se encuentra involucrado con ambas partes. Él está tan unido al corazón de Yahvé que cuando habla al pueblo puede declarar, "Yahvé dice". Está tan unido con su frágil pueblo que, cuando habla con Yahvé, no puede siempre decirle: "Hágase su voluntad". Muchas veces suplica, "Cambia tu voluntad". Por ejemplo, después del incidente del becerro de oro, "Dijo Yahvé a Moisés: 'Ya veo que este pueblo es un pueblo de dura cerviz. Déjame ahora que se encienda mi ira contra ellos y los devore he visto a este pueblo, que por cierto es pueblo de dura cerviz. Ahora, pues, déjame que se encienda en mi ira en ellos, y los consuma'" (Éxodo 32, 10). Parece como si Yahvé admitiera su propia debilidad frente a Moisés, cuya oración sabe tocará su corazón. Moisés se aproxima a Yahvé con el corazón de su pueblo. Suplica sean tratados con misericordia y, como un hábil defensor, termina con: "Abandona el ardor de tu cólera y arrepiéntete de las amenazas contra tu pueblo" (Éxodo 32,12). "Y Yahvé renunció a lanzar el mal con que habia amenazado a su pueblo" (Éxodo 32,14).

Moisés destado

No hay evidencia de que haya quedado rastro de egoísmo en el verdaderamente libre

Moisés. Él pertenece a Yahvé y a su pueblo. No importe el costo, no renunciará a ninguno de los dos. Representa el primer y más importante de los mandamientos, igual que el segundo, que es inseparable del primero. La prueba final de su liberación interior es el de aceptar sin siquierea cuestionar la pesada sentencia que Yahvé ha puesto sobre él debido a una momentánea infidelidad. Yahvé le dice:

> Sube a esa montaña...al monte Nebo...y contempla la tierra de Canaán, que yo doy en propiedad d los israelitas. En el monte que has de subir morirás, e irás a reunirte con los tuyos, como tu hermano Aaron murió en el Monte Hor y fue a reunirse con los suyos. Por haberme sido infieles en medio de los israelitas en medio de Meribá de Cades, en el desierto de Sin, por no haber reconocido mi santidad en medio de los israelitas, por eso, solo de lejos verás la tierra, pero no entrarás en ella, en esa tierra que yo doy a los israelitas. (Deuteronomio 32,49–52)

Como respuesta, Moisés da su bendición final a las tribus de Israel que raramente fueron fieles. Externamente, él muere como un hombre fracasado, como lo hacen muchos de los profetas, justo a las afueras de la tierra prometida. Pero el hombre interior ha logrado cruzar más allá de la línea.

Moisés fue un hombre poco común. Pero hay un Moisés en cada uno de nosotros que a veces se lanza en contra de las injusticias y que está listo a enfrentarse a los poderes de la oscuridad sin ayuda de nadie, y que a la vez se va a escondidas a un Madián para salvar a su propia persona, pero que también es capaz de un día ver una zarza ardiente y saber que es un reflejo de su propio corazón. Una vez que esto sucede, el Moisés que hay dentro de nosotros sabrá que es hora de llevar el mensaje ardiente a todos aquellos que podamos alcanzar. ¿Y cuál es el mensaje? El nombre precioso: "Estaré allí, como el que soy, estaré allí".

Tomado de *The Bible Today* 19, 1 (1981)

La hermana Lydia Champagne, CSJ, tiene maestrías en literatura inglesa y en teología de la Universidad de Notre Dame. Además de haber impartido varios talleres sobre la Sagrada Escritura en varios lugares, ha dado por muchos años clases de Sagradas Escrituras a adultos.

#14.
Los profetas anteriores y la historia deuteronomista

Jerome T. Walsh

Los libros de Josué, Jueces, 1 y 2 Samuel y 1 y 2 Reyes forman lo que los eruditos llaman la "historia deuteronomista". La tradición judía los llama los "profetas anteriores"; la tradición cristiana los considera parte de los "libros históricos". En la Biblia hebrea, están agrupados en cuatro libros, ya que 1 y 2 Samuel forman un solo libro llamado simplemente "Samuel", y de la misma manera 1 y 2 Reyes forman un solo libro llamado "Reyes". En ambos casos la división de un libro en dos se realizó cuando fueron traducidos al griego en los siglos III y II a.C. Las traducciones resultaron ser más largas que el texto original en hebreo por lo tanto fue necesario utilizar dos rollos de pergamino para así poder recoger cada libro.

La tabla que se presenta en la siguiente página da una idea básica de la cronología y el contenido de los libros de la historia deuteronomista. En el primer renglón se menciona de manera aproximada el período histórico durante el cual se llevan a cabo los acontecimientos narrados en el libro. Se puede advertir que los seis libros, siendo básicamente iguales en extensión, de ninguna manera llegan a cubrir el mismo lapso de tiempo. Josué, 1 Samuel y 2 Samuel se desarrollan por un período de tiempo equivalente a una vida o aun en menor cantidad de años; 2 Reyes abarca un período de tiempo mayor aun que el resto de los libros de la historia deuteronomista juntos.

En el segundo renglón se da a conocer la idea central de cada uno de los seis libros. La primera mitad de Josué narra la invasión de Canaán bajo el liderazgo de Josué y la campaña militar mediante la cual se conquista al país en tres etapas. La segunda mitad del libro describe detalladamente como fueron asignados los territorios conquistados a los varios grupos tribales. Jueces es un libro escrito en forma de episodios; describe los ciclos de apostasía, castigo y redención de Israel antes de que surgiera la monarquía. Termina con la queja que se había venido repitiendo: "Por aquel tiempo no había rey en Israel y cada uno hacía lo que le parecía bien". En el Primer Libro de Samuel se expone como Israel respondiendo a la altamente organizada maquinaria militar de los filisteos se transformó en una monarquía, que es una estructura de autoridad centralizada. Este movimiento se da primeramente en el norte con Saúl, y eventualmente después bajo David. El Segundo Libro de Samuel hace un recuento de los triunfos y tragedias del reinado de David. El Primer Libro de Reyes relata el reinado de Salomón, el hijo de David y la desintegración del impero de David que acontece después de la muerte de Salomón. El Segundo Libro de Reyes puntualiza los momentos de gloria y de fracaso de los reinos de Israel y de Judea, reinos que surgieron de la división del imperio de David y su eventual caída en manos de antiguos y poderosos imperios del Medio Oriente.

En el tercer renglón se relacionan los seis libros de manera que formen tres pares (de esa manera se reconoce que "Samuel" y

Josué	Jueces	1 Samuel	2 Samuel	1 Reyes	2 Reyes
¿Finales del siglo XIII?	¿Siglos XII–XI?	Finales del siglo XI (1050–1000 a.C.)	Principios del siglo X (1000–960 a.C.)	Siglos X–IX (960–850 a.C.)	Siglos IX–VI (850–560 a.C.)
Conquista y repartición de la tierra	Transición: necesidad de un rey	Surgimiento de la monarquía	Reinado del rey David	Salomón y los primeros reinos	Historia de dos reinos
Situación de Israel antes del período monárquico		Se origina la dinastía de David		Caída de los dos reinos	
La historia de Israel desde su entrada a la tierra de Canaán hasta su destrucción y el destierro de la tierra de Canaán					

1° renglón: nombre del libro bíblico

2° renglón: período aproximado de tiempo que el libro pretende cubrir

3° renglón: temas principales de los seis libros

4° renglón: temas principales de los tres pares de libros

5° renglón: tema principal de la historia deuteronomista

Esquema del tiempo que cubre cada libro: 1 pulgada = equivale aproximadamente a 100 años.

1300------------1200------------1100------------1000-----------900-------------800-------------700------------600-------------500

Éxodo

Levítico

Números

Deuteronomio --- Josué Jueces ----------- 1 Samuel-2 Samuel 1 Reyes ----2 Reyes ----------------------------------

"Reyes" son, en realidad, una sola unidad literaria). Josué y Jueces se enfocan al período anterior al advenimiento de la monarquía en Israel. Samuel trata sobre la aparición de la monarquía, principalmente la de la casa de David y el reinado de David. Reyes describe el inicio de la desintegración de la casa de David durante el reinado de Salomón y sus consecuencias en la trágica historia de los dos reinos.

En el cuarto renglón se afirma como la historia deuteronomista puede ser considerada como la narración de una sola historia: la historia del pueblo de Israel en la tierra, desde su entrada en Canaán bajo el liderazgo de Josué hasta que se dispersaron de Canaán y fueron desterrados en Babilonia.

La historia teológica del historiador deuteronomista

La "historia deuteronomista" adquiere su nombre, obviamente, del Libro del Deuteronomio. ¿Por qué? La explicación es muy clara. El autor o autores y el editor o editores de la historia deuteronomista, es decir, aquel o aquellos que hayan compilado el libro de la manera que lo tenemos ahora, tomaron como modelo esencial para elaborar sus juicios sobre el pueblo y sobre los eventos de la historia de Israel en la tierra prometida. Dando como resultado que esas evaluaciones y juicios a menudo reflejaran los valores y los puntos de vista característicos del período histórico cuando fueron compuestos el Deuteronomio (siglo VII a.C.) o la historia deuteronomista (siglo VI o V a.C.).

Son tres los principios teológicos que caracterizan al Libro del Deuteronomio. Primero, Israel solamente adorará a Yahvé. Cabe mencionar que esto no es una profesión de monoteísmo; esto no implica ni afirma que Yahvé sea el único Dios que existe. Las antiguas culturas del Medio Oriente generalmente reconocían la existencia de diversos dioses y diosas, e Israel no era la excepción. La peculiaridad de Israel, desde los primeros períodos que podemos reconstruir, era el requisito de adorar a Yahvé como ser supremo, la veneración a otras deidades probablemente era practicada sin problema, mientras no pretendiesen competir contra Yahvé en el orden en la alineación. (Éxodo 20,1 en esa etapa probablemente se entendería como: "No tendrás otros dioses a mi lado, es decir, al mismo nivel que yo"). En el siglo IX quizás bajo la influencia de profetas como Elías, se inició un movimiento que pretendía restringir la adoración y veneración por parte de los israelitas *exclusivamente* a Yahvé. Pueden existir otros dioses, pero Israel venera solamente a Yahvé. Este movimiento, quizás minoritario en sus inicios, eventualmente tomó fuerza y fue preservado como una verdad absoluta cuando el Deuteronomio se convirtió en la ley a seguir bajo el reinado de Josías al final de los años 600 a.C. El historiador deuteronomista lo aplicó a toda la historia (aun a aquellos primeros siglos, cuando utilizarlo era claramente anacrónico), el resultado fue que los santuarios de Jeroboán dedicados a becerros en el reino del norte (1 Reyes 12) y la veneración a Baal bajo la influencia de los gobernantes de Omrí en el norte (1 Reyes 16,31–32) y en el sur (2 Reyes 8,25–27) fueron consideradas como apostasías y los reyes que las practicaron fueron condenados como rebeldes.

El segundo principio teológico del Deuteronomio es que los sacrificios de alabanza dedicados a Yahvé deberían ser realizados en un solo lugar. En sí, Deuteronomio no dio el nombre del sitio, pero para la historia deuteronomista, una vez que Salomón construyó el Templo de Jerusalén (1 Reyes 6—9), este se convirtió en el único lugar legitimo donde ofrecer un sacrificio a Yahvé. Como resultado el historiador deuteronomista consideró los "sitios en lo alto" (es decir, santuarios en las cimas de las montañas donde se ofrecían sacrificios a Yahvé a la vez que a otras deidades) como incorrectos, y otorgó aprobación muy poco entusiasta a aquellos reyes que permitieron que siguiesen existiendo aquellos "sitios en lo alto".

El tercer principio teológico de la historia deuteronomista es que el pueblo de Yahvé es uno. Durante la mayor parte de la historia del pueblo en la tierra prometida su unidad se mantuvo intacta. Pero la división del reino de David después de la muerte de Salomón la puso en peligro. La separación en dos entidades políticas, Israel en el norte y Judá en el sur, bajo linajes diferentes fue un decreto divino (1 Reyes 11,29–39), pero esa división no debería de afectar la unidad del pueblo elegido de Yahvé lograda a través de la alianza. Es por esta razón que la explicación que da el historiador deuteronomista sobre la división de la monarquía, es, la narración la historia de un solo pueblo bajo dos linajes de reyes.

Jerome T. Walsh, SSL, Ph.D., ocupó la Cátedra Tschoepe para Homeletica en la Escuela para los Ministerios de la Universidad de Dallas. Tiene una licenciatura en Sagrada Escritura del Pontificio Instituto Bíblico y un doctorado en estudios del Antiguo Medio Oriente de la Universidad de Michigan. Es autor del libro Ahab: The Construction of a King *(Collegeville, MN: Liturgical Press, 2006).*

#15.
La violencia en Josué y Jueces: cómo tratar a la violencia y a sus víctimas

Gina Hens-Piazza

A través de todas las diversas historias de los libros de Josué y Jueces, así como en la totalidad de estos escritos, encontramos entrelazados una serie de hilos manchados de sangre proveniente de la violencia. Estos acontecimientos violentos se presentan tan frecuentemente y de forma tan exhaustiva, que se pudiera llegar a pensar que es la trama que compone la historia de estos dos textos. Las historias del sufrimiento de seres humanos provocado por otros seres humanos, a menudo respaldada y premiada por una orden divina, no solo son recurrentes sino también detalladas, crudas y detestables. No es de sorprenderse que la mayoría de estos textos no aparezcan en las lecturas del *Leccionario*. Por lo tanto, no se utilizan en las actividades litúrgicas comunitarias.

Historias de violencia

En la primera mitad del Libro de Josué se presenta un cuadro de la aniquilación de los cananitas y de sus posesiones. La constelación de historias de los capítulos del 1 al 11 del Libro de Josué detallan esta campaña de carnicería. El asalto de los israelitas es de forma exhaustiva. Se inicia en las montañas de Jericó y Hai (Josué 3—8), después se trasladan hacia el sur hacia los pueblos de Debir, Laquís y Eglón (Josué 9—10). Finalmente, su sangriento andar, en el que arrasaron con todo, terminó en el norte en Hazor (Josué 11).

Durante el despojo del territorio de Canaán, murallas se desploman sobre ciudades enteras y todos los que ahí se encuentran quedan sepultados. Algunos pueblos son quemados hasta quedar convertidos en cenizas. Otros, a los alrededores de Hazor, aunque no fueron deshechos, fueron saqueados. El ganado es tomado como botín. En algunos poblados, matan a los animales. En otros lugares los caballos son incapacitados. Los habitantes de estos lugares no son simplemente desalojados, sino que son hechos desfilar frente al filo de la espada. Con imágenes sumamente graficas, se nos dice que "no dejaron ninguno con vida" (Josué 11,14). Destruyeron absolutamente todo. Más aun, a la brutalidad de la guerra se le añaden los insultos. Aun después de muertos, siguen siendo humillados. Los cadáveres de los reyes asesinados son colgados en los árboles, y después son bajados para ser arrojados a cuevas. Finalmente, esta masacre es definida como una cruzada sagrada (Josué 11,20). No solamente es mencionado Josué por su habilidosa victoria militar, sino que finalmente la narración atribuye al Señor el exitoso exterminio de los cananitas.

La segunda mitad del libro, Josué 12—25, hace constar la forma en que se distribuyeron las tierras que consideraban suyas después de esta cruzada aparentemente despiadada. Aquí la violencia es más sutil. Se ve como necesaria para poder lograr una identidad. Al asociar a varias tribus israelitas (Rubén, Judá, Gad, etcétera) con ciertas parcelas de tierra, su identidad se forja por encima de aquellos que alguna vez habitaron esa tierra. Esto requiere que se separen de los otros y que se creen límites. Los cananitas se convierten en los extranjeros y ahora los israelitas son los señores de la tierra. Así como uno se identifica por lo que no es, así estos extranjeros son necesarios para que Israel se pueda autodefinirse, al mismo tiempo que los cananitas son vistos como la amenaza. Por lo tanto, la relación entre estos dos grupos se puede definir como una relación de miedo y agresión, y aunque esos sentimientos pueden permanecer latentes, frecuentemente serán el origen de levantamientos violentos en el futuro.

Al llegar al inicio de Jueces, la situación cambia un poco, pero ciertamente no mejora. Además de las versiones en las que se narran acontecimientos violentos en contra de personas cuyas caras son simples sombras, encontramos episodios en que se narran circunstancias más personales y más cercanas. Así como el Libro de Josué narra campañas violentas contra poblaciones, ciudades y regiones enteras, también lo hace el Libro de los Jueces, pero este además se enfoca en narrar más detalladamente los actos violentos cometidos contra determinadas víctimas así como sus autores. Vemos como Aod, el juez israelita, clavó la espada en el vientre de Eglón y lo dejo desangrándose en el piso de sus aposentos (Jueces 3,12–23). En media campaña de los israelitas contra los cananitas en Hazor, la narración nos lleva a la intimida de una tienda de campaña, para así estremecemos con la imagen de Jael clavando una estaca en las sienes de Sísara, quien se encontraba dormido (Jueces 4,1–23). En Tebes, cuando Abimalec los ataca y todo el pueblo se ha refugiado en la torre, nos quedamos atónitos con la descripción de cómo le avientan una muela de molino que cae sobre su cabeza rompiéndole el cráneo (Jueces 9,50–57). Por lo tanto, tampoco en Jueces, nos libramos de las salvajadas de los asaltantes ni de la horrible tortura a la cual someten a sus víctimas.

Los hechos hostiles y violentos no solamente son cometidos por los archienemigos y los extranjeros. La violencia se torna cada vez más y más hacía dentro, hacía casa. En un arranque de venganza Sansón, prende fuego a los sembradíos de sus suegros que finalmente les causa la muerte (Jueces 15,1–13). Jefté emite una promesa desleal que lo llevará a sacrificar a su propia hija aun virgen (Jueces 11,29–40). La concubina de un israelita es violada por un grupo de hombres y abandonada para si ser matada por otro grupo de israelitas de la tribu de Benjamín (Jueces 19). Entonces, para lograr el respaldo de las otras tribus de Israel en contra de la tribu de Benjamín, el levita toma a su propia concubina, la corta en doce pedazos, y la envía a cada una de las tribus. Sin duda, la violencia presente a través de las narraciones de Jueces, como lo es también en Josué, es más extensa y exhaustiva. La violencia que se relata en contra de los grandes grupos se iguala ahora a la violencia entre los individuos. Adicionalmente, la violencia que se despliega en contra de los enemigos y extranjeros, ahora es desplegada en contra de familiares y amigos.

¿Cómo debemos leer estos textos?

Estas son historias difíciles. La violencia en contra de los seres humanos es repugnante, la falta de moral es reprochable y el atribuirle a Dios tanta violencia es un problema para la teología. ¿Qué podemos hacer con todas las narraciones violentas acerca del establecimiento de Israel en la tierra? ¿Cómo podemos decir que las historias de Josué y Jueces son parte de la revelación cuando son testimonios de una historia de salvación marcada por guerra, derramamiento de sangre, robo y violación?

Algunos han encontrado que la manera más eficiente es ignorándolos o saltándose la violencia que en ellos se narra. Definitivamente, la evasión seria una posible estrategia si nuestro mundo fuera un lugar placido, no violento, y si estuviese comprometido con la paz. Pero, como sabemos por experiencia personal, así no sucede. Así es que la decisión de voltear hacia otro lado y de pretender que no hay momentos violentos trae consigo consecuencias fatídicas. Tanto en nuestras vidas como en estos textos, la decisión de ignorar los actos de crueldad y salvajismo no es más que complicidad con esos actos y sirve para fomentar más violencia en el futuro.

Otros han encontrado la solución al ir leyendo a través de estos textos e ir condenándolos como mejor les parece. Como toda lectura es parcial, esto llevará necesariamente a enfocarse en ciertos hechos violentos y condenarlos, mientras que dejarán pasar e ignorarán otros hechos. Por ejemplo, en Josué, nosotros podremos condenar los crímenes cometidos en contra de los enemigos cananitas durante la guerra, y al mismo tiempo no molestarnos el que Jefté haya prometido sacrificar a su hija o la historia de Jueces en la que una multitud viola a una mujer porque era una concubina. Lo que a nosotros no nos parece o lo que si nos parece tiende a coincidir con aquello con que nosotros nos encontramos comprometidos, a la vez que refuerza nuestros propios prejuicios. Así es que nosotros corremos el riesgo de condenar la violencia de nuestros contrincantes, mientras que no examinamos nuestra conducta, ni nos arrepentimos.

Algunos, se escapan de la violencia de los libros como Josué y Jueces, y se refugian en los escritos del Nuevo Testamento. Y así descansan, confiando en las enseñanzas de Jesús acerca del amor a los enemigos y el destino final de aquellos que persiguen a otros, como si así se cubrieran con su sombra y se resolvieran las repugnantes historias del Antiguo Testamento. La creencia de que las enseñanzas del Nuevo Testamento no solo corrigen, sino que sobrepasan a los relatos de brutalidad del Antiguo Testamento (sean las guerras de Josué, o la de la concubina cortada en pedazos en Jueces), son es sí mismas unas creencias peligrosas que tienen en sí el potencial de generar violencia en contra de los judíos como ya lo tenemos más que sabido. El argumento de que el Nuevo Testamento es una alternativa a las narraciones de violencia que se encuentran en Josué y Jueces es un argumento poco sólido, ya que ignora el hecho de que el supremo sacrificio de Dios tomo forma en la crucifixión y muerte de Jesús.

No podemos darnos el lujo de ser complacientes, inocentes o ciegos cuando nos encontramos con la violencia en estos libros. A través de la historia de la humanidad, estas historias y su interpretación han tenido consecuencias de vida o muerte. Desde las cruzadas hasta la Segunda Guerra Mundial, los textos de Josué y Jueces han venido siendo utilizados para justificar a la guerra, perseguir a los herejes, consentir los prejuicios y degradar a las mujeres. Por la Biblia y nuestras interpretaciones de estas tradiciones si importan. Son las que dan forma y justifican las respuestas que dan los estados, la Iglesia y las personas comunes y corrientes a ciertas realidades tanto del pasado y a las que nos hacen cuestionarnos en el tiempo actual.

Estrategias para leerlos de una manera responsable

¿Qué explicación podemos dar ante estas historias que consideramos parte de nuestra tradición sagrada? ¿Cómo podemos entender la capacidad que tiene la Escritura de comunicarnos la revelación por medio de estas historias tan espinosas? Aunque no podemos darnos el lujo de adaptar soluciones fáciles ante los problemas de violencia que se nos presentan en Josué y Jueces, podemos utilizar las siguientes estrategias para penetrar estos textos e interpretarlos.

Primero, la lectura de Josué y Jueces se puede ver considerablemente beneficiada con los estudios de investigación que realizan las ciencias sociales acerca de las tradiciones de la época. Aunque no hay excusa que condone los actos violentos, las investigaciones del mundo antiguo nos ayudan a poner estos actos en un determinado contexto. Por ejemplo, las investigaciones realizadas por las ciencias sociales han enseñado como la comunidad israelita pudo haber estado formada por una serie de campesinos que no poseían tierras, así como por personas desposeídas que vivían una vida de dominación y opresión por parte de los ricos terratenientes de Canaán. En el transcurso del proceso de ocupación del territorio cananita estaba en juego la lucha de esos hombres por la supervivencia, el sustento y la dignidad. La comprensión de estas realidades no aprueba, ni borra la violencia sobre la cual leemos en estas historias, más bien, sirve para precisar lo que ahí se lee.

Segundo, debemos leer estas historias de aniquilación, brutalidad y degradación como un recuerdo, *en memoria* de las víctimas. El reconocimiento, la reflexión y el recuerdo de las víctimas en nuestra tradición sagrada no solamente les devuelve la dignidad; este enfoque puede ser el camino que nos lleve a empezar a identificarnos con aquellos que sufren violencia en nuestro mundo. Como ejemplo de esto tenemos a nuestros hermanos y hermanas judíos. Cada año, en la cena del *seder,* ellos se acuerdan de los egipcios, quienes, de acuerdo con la tradición bíblica, fueron masacrados en el proceso de liberación del Israel. Josué y Jueces nos presentan numerosas caras de víctimas, que frecuentemente se parecen a aquellas personas que en este nuestro tiempo han sufrido violencia a instancias o por incitación nuestra.

Tercero, debemos leer estos textos de manera que nos lleven a demostrar la maldad de la violencia y de aquellos que la cometen. El poner atención a las diversas formas de violencia que se presentan en los textos hace que nos volvamos más sensibles a las diversas formas de violencia. Nadie dejará de reconocer que los asesinatos, robos de propiedad y violación que se presentan en Josué y Jueces son actos de violencia. Sin embargo, en estos textos hay otras formas de aniquilación que debemos de tener en ceanta para así poderlas arrancar de cuajo, como son el que varios personajes no se les llama por su nombre, a otros no se les deja hablar, el que hay representaciones de hombres y mujeres que son desechados y la falta de un lugar en la sociedad de personajes, tales como las hijas vírgenes. Todos estos, aun de manera muy sutil, no dejan de ser ejemplos de violencia real en estas historias. Si no somos capaces de reconocer en estos textos estas formas de violencia, que auque se presenta de manera indirecta, no dejan de ser deshumanizantes, muy probablemente no las reconoceremos en nuestra propia vida.

Cuarto, debemos de leer e interpretar estas historias en el contexto de una comunidad, que será nuestra forma de asegurarnos que nuestra interpretación de la Escritura en lo que se refiere a nuestra capacidad de definir y detectar violencia. Lo que para un lector no es violento puede ser muy violento para otro. La historia de la guerra violenta de Israel en contra de los cananitas que ocupaban la tierra puede no parecer cuestionable y cruel para aquellos que siempre han vivido bajo un gobierno que opera de la misma manera, con ese sentido de derecho a la soberanía del territorio. Sin embargo, para los Nativos Americanos quienes originalmente eran los dueños de la tierra en este país y que la perdieron a manos de empresarios "sin tierra" que venian del Antiguo Continente, puede que no les parezca así. Los indígenas mayas, quienes en un tiempo fueron los dueños del territorio donde se asentaba una cultura muy avanzada y que ahora son los pobres "sin tierra" en Guatemala, quizás también lean la violencia en Josué de manera diferente.

No solamente es la Biblia el producto de varias comunidades culturales, sino que también lo son cada uno de los creyentes que se acerca a este texto. Ambas historias, la del texto y la de aquel quien lo lee, se mezclan entre sí y así influyen la manera en que se interpreta el texto. Así, las diversas formas de violencia presentes en estos textos, como las muchas voces de las víctimas de hoy en día, deben de ser tomadas en cuenta mientras leemos e interpretamos estas prácticas de violencia.

La revelación en medio de la violencia

Desde luego que el uso de las estrategias anteriormente propuestas trae consigo consecuencias. Quizás, sea necesario hacer el propósito de revisar, reconciliar, y quizás, en algunos casos, sea necesario el arrepentiros de la manera en que inicialmente interpretábamos a Josué y a Jueces, desde la perspectiva de las historias de sufrimiento del cual son víctimas personas de nuestras comunidades. En su lugar, quizás necesitemos renunciar a la seguridad y empezar a buscar una interpretación universal sobre la conquista de Israel y su asentamiento en la tierra. Pero la lucha por sobrevivir, por ser libre, por la vida, por la integridad y por el respeto a uno mismo es una manera de interpretar mucho más convincente y universal. Es más, al encontrarnos cara a cara con cada una de las víctimas de las narraciones bíblicas, cada uno debe de sentir el llamado a hacer un auto-examen sobre nuestra actitud ante la violencia y las víctimas que hay en nuestro propio mundo. Y es aquí, en esta encrucijada, cuando la revelación de Dios ocurre. El poder que tiene la Biblia para aprestarnos a la revelación ocurre solamente cuando historias como las de Josué y Jueces se entremezclan con historias de nuestra vida. Si somos lo suficientemente valientes como para enfrentarnos y luchar con la violencia y muerte de estos textos bíblicos, quizás podamos empezar a percibir al Dios de la vida que se nos presenta aquí. Y al lograr esto, quizás nos encontraremos más preparados para hacer el mismo descubrimiento en medio de la violencia y lo resquebrajado de nuestro mundo.

Tomado de *The Bible Today* 39, 4 (2001): 197–203

Gina Hens-Piazza es profesora asociada de estudios bíblicos de la Escuela Jesuita de Teología en el Unión de Graduados de Teología (Berkeley, California). Es autora de Of Methods, Monarchs, and Meanings *(Mercer University Press, 1996) y ha escrito y dictado conferencias pródigamente, sobre temas de justicia social, cultura y escritos bíblicos.*

#16.
Auto-examen: mitad del Módulo III

En la línea que esta al frente de los nombres de la primera columna, escriba la letra que corresponda, tomada de la lista de la segunda columna.

_____ 1. Abiatar
_____ 2. Abner
_____ 3. Absalón
_____ 4. Adonías
_____ 5. David
_____ 6. Débora
_____ 7. Historiador deuteronomista
_____ 8. Elí
_____ 9. Gideón
_____ 10. Ana
_____ 11. Isbaal
_____ 12. Jesé
_____ 13. Joab
_____ 14. Jonatán
_____ 15. Josué
_____ 16. Mical
_____ 17. Natán
_____ 18. Rajab
_____ 19. Sansón
_____ 20. Samuel
_____ 21. Saúl
_____ 22. Sísera
_____ 23. Urías

a. El único sacerdote que sobrevivió en Nob
b. Utilizó antiguas tradiciones orales y textos escritos para componer un gran trabajo histórico
c. Líder cananita asesinado por Jael (Yael)
d. Hijo de Saúl, amigo de David
e. Hija de Saúl
f. Padre de David
g. Juez que entusiasmó a Barac para que luchara en contra de Sísera
h. Una persona que hizo el voto del nazireato cuyo nacimiento fue prometido a su madre
i. Líder en la conquista de la tierra prometida
j. Prostituta de Jericó
k. Juez que destruyó el altar de su padre a Baal.
l. Esposo de Mical, Abigail, Betsabé, Jagit, etcétera
m. Mató a su hermano Amnón
n. Trato de ser rey después de la muerte de Absalón
o. Ungido rey por Samuel, perdió la confianza que Samuel le tenía
p. Juez, sacerdote y profeta
q. Fue asesinado por órdenes de David
r. Madre de Samuel
s. Hijo de Saúl y su sucesor después de su muerte
t. General de Saúl, nombró a Isbaal rey
u. General de David, asesino de Abner
v. Sacerdote en Silo, maestro de Samuel
w. Profeta que le llamó la atención a David y le anunció la promesa de la bendición

Respuestas al auto-examen: mitad del Módulo III

1. a
2. t
3. m
4. n
5. l
6. g
7. b
8. v
9. k
10. r
11. s
12. f
13. u
14. d
15. i
16. e
17. w
18. j
19. h
20. p
21. o
22. c
23. q

#17.
La experiencia inefable de Elías

Si el filósofo y psicólogo norteamericano William James hubiera conocido al profeta Elías, seguramente le hubiera intrigado el "sonido" que escuchó en el monte Horeb después de que un viento, un terremoto y un fuego pasaron frente a él. Seguramente le hubiera preguntado: "Elías, ¿pudieses describir que fue lo que sentiste cuando 'el susurro de una suave brisa' llegó a ti?". Cuando se encontraba James en la cima de su carrera profesional, pronunció una serie de veinte conferencias en la Universidad de Edimburgo sobre la psicología de la religión, las cuales eventualmente fueron publicadas bajo el ahora famoso título: *Las variedades de la experiencia religiosa: estudio de la naturaleza humana*. Él pospuso la presentación sobre el tema del "misticismo" hasta la dieciseisava conferencia, donde para disipar numerosos falsos conceptos, el delineó cuatro características cardenales de lo que es una experiencia mística. La primera de estas características la etiquetó con el nombre de "inefabilidad".

Cualquiera que haya tenido una experiencia religiosa muy probablemente opine, al igual que James, que básicamente es inefable (indescriptible, inenarrable). Pero esta propiedad no ha desanimado a los místicos a relatar sus experiencias a otros, a pesar de las dificultades e insuficiencias que presenta el lenguaje. Tampoco le impidió al autor bíblico el tratar de relatar para nosotros la experiencia que tuvo Elías. El Primer Libro de Reyes 19,12 reporta que Elías escuchó, literalmente, "el susurro de una suave brisa". La experiencia inefable de Elías encontró en esta un oxímoron (combinación en una misma estructura sintáctica de dos palabras o expresiones de significado opuesto, que originan un nuevo sentido; por ejemplo, un silencio atronador), que, por siglos, ha hecho que los exegetas se sientan frustrados y que los místicos se sientan encantados ¿Cómo susurra la brisa? ¡Una suave brisa! Aun más importante, ¿estaba Dios presente en ese "susurro" o no?

El viaje al Horeb

En los tres primeros capítulos del ciclo de lecturas que hablan sobre de Elías, este hombre de Dios hace cuatro viajes. Los tres primeros se inician por iniciativa del Señor, mientras que el cuarto viaje al Horeb es ideado por Elías. Sus viajes se inician en 1 Reyes 17,2–3 cuando la palabra del Señor le ordena ir al este y esconderse en el torrente Querit. El narrador bíblico observa que Elías obedece (1 Reyes 17,5): "Procedió según la palabra de Yahve". Elías se queda en el torrente hasta que la palabra del Señor viene de nuevo a él, esto sucede en 1 Reyes 17,8–9: "Alzate, vete a Sarepta". La obediente respuesta de Elías genera los maravillosos eventos que ocurren en la casa de la viuda: una vasija siempre llena de aceite y un hijo enfermo que se cura. En 1 Reyes 18,1 el Señor le habla a Elías una vez más, mostrándole su tercer destino: "Vete, déjate ver de Ajab". Este viaje tiene como consecuencia el enfrentamiento con el rey Ajab, el sacrificio en el monte Carmelo, donde ven que sube del Mediterráneo una nube pequeña con lo cual se pondrá fin a la sequía que fue anunciada en 1 Reyes 17,1.

En 1 Reyes 19 el tono se torna brusco ya que las amenazas de Jezabel hacen que Elías comience su cuarto viaje. La palabra del Señor que con anterioridad había anunciado el siguiente destino de Elías, se vuelve sospechosamente silenciosa. Elías termina en el desierto, en donde, de no haber sido por un ángel que lo despierta y lo manda a comer, se hubiera muerto. Es entonces cuando viaja al lugar donde sus ancestros tuvieron su primer encuentro con el Señor, al monte Horeb, la montaña de Dios (al que también se le conoce como monte Sinaí). Pero el Señor seguía sin hablar.

Al llegar al Horeb, la palabra del Señor finalmente rompe su silencio: "¿Qué haces aquí, Elías?" (1 Reyes 19,9). A primera vista la pregunta parece extraña. Fue aquí, donde por primera vez en Éxodo, Dios habló a Moisés desde la zarza ardiente. Fue aquí donde Moisés pasó cuarenta días y cuarenta noches, entrando dentro de la nube de la gloria del Señor que yacía en esta montaña. ¿Se debería de sorprender Dios que Elías fuera a ese sitio sagrado? Pero, de hecho, este viaje es bastante diferente de los tres anteriores. La presencia de Elías en el torrente Querit, en Sarepta y ante Ajab, fueron ordenados por la palabra del Señor. Pero, ¿Qué mandato hizo que fuera al Horeb? Fue la palabra de Jezabel lo que lo trajo aquí. Su amenaza había sustituido a la palabra del Señor en la vida de Elías y, en el proceso, el emisario del Señor ante Israel se había convertido en un aterrado fugitivo. ¿Cómo iba a hacerle Dios para regresar a Elías al buen camino?

El "susurro" en el Horeb

Elías intenta explicar su presencia en el Horeb: "Los israelitas han abandonado tu alianza, han derribado tus alatares y han pasado a espada a tus profetas; quedo solo yo y buscan mi vida para quitármela". Dios le cambia el tema de la conversación: "Sal y permanece de pie ante el monte de Yahvé pues Yahvé va a pasar" (1 Reyes 19,10–11). Tres fenómenos naturales pasan frente a Elías—viento, terremoto y fuego—y cada uno puede ser interpretado como una teofanía. (Tan reciente como en 1 Reyes 18,38 encontramos como el fuego del Señor bajó sobre el sacrificio de Elías en el monte Carmelo y como vientos y truenos anunciaron la presencia divina en el Sinaí/Horeb en Éxodo19,16–19). Pero el narrador enuncia que: el Señor no estaba en ninguna de las dos. Después viene "el susurro de una suave brisa" (1 Reyes 19,12). El lector, con toda razón, espera que el narrador explique lo que pasó. Pero el texto guarda silencio. ¿Estaba el Señor en esa brisa o no? Elías se cubre el rostro con su manto (1 Reyes 19,13), imitando la reacción que tuvo Moisés ante la presencia divina en la zarza ardiente en Éxodo 3,6. Pero, ¿por qué el narrador no nos dice si Dios estaba presente en ese susurro?

La frase por sí misma no ofrece muchas claves para poder entender su significado y un estudio individual de las palabras solamente nos deja ver la incongruencia que de por si contienen: "el susurro de una suave brisa". No existe en la Biblia ningún otro lugar donde se hable del susurro de una suave brisa. Es indiscutible que esta frase ha generado infinidad de traducciones en inglés. Yo sé de por lo menos veinte diferentes, incluyendo: "un sonido fino que petrifica", "una rugiente voz de trueno", "el sonido del suave silencio" y "un sonido de translucido silencio (mi favorita por su semejanza).

Interpretación del "susurro" en el Horeb

Los primeros traductores de la Biblia fueron, por así decirlo, los primeros intérpretes, y ellos no podían permitir que esta frase tan enigmática apareciera en sus traducciones. A pesar de que fueron los más conservadores de todos los intérpretes, fieles al texto hebreo, su traducción tenía que tener un significado para su audiencia. Ellos también fueron capaces de reconocer la importancia tan especial que tenia el hecho de que este susurro fuera escuchado por Elías en conjunto con los demás eventos que sucedieron en el monte Horeb. ¡Tenían que lograr que fuera comprensible!

La más antigua de estas traducciones es la traducida al griego, conocida como la Septuaginta, compuesta en el siglo III a.C. Traduce la frase "el sonido de un fino silencio" al griego como "el sonido de una suave brisa". Pero el traductor añade: "El Señor estaba ahí". El traductor griego debió de haberse percatado cómo, en el texto hebreo, no había un ritmo armonioso ya que dice que primero pasó el viento, pero en el no había presencia divina, después le siguió un terremoto, también sin presencia divina, después fuego, y de nuevo, sin la presencia divina. Finalmente, llegó el silencio. ¿Y? Así que el traductor añade: "¡El Señor estaba ahí!". Esto es justamente lo que estábamos esperando escuchar del narrador de la Biblia en hebreo.

Después de la traducción al griego, la traducción que le sigue en importancia de la Biblia hebrea se conoce como *Peshitta* (que significa "simple, común" en siríaco) que es una traducción al siríaco (dialecto del arameo tardio) hecha antes de que finalizara el siglo II d.C. Ahí se traduce "el sonido de un fino silencio" como "una voz que habla suavemente". El traductor toma prestada esta expresión del Deuteronomio 4,12 cuando Moisés, mientras exhortaba a los israelitas, anunciaba: "Yahvé les habló en medio del fuego; ustedes oían rumores de palabras, pero no percibían figura alguna, sino solo una voz". La Biblia *Peshitta* en Deuteronomio 4,12 cambia la frase hebrea "un sonido de palabras", a "un sonido que hablaba", y el traductor siríaco de 1 Reyes 19,12 eleva esa frase del Deuteronomio 4,12 para así traducirla a "el susurro de una suave brisa".

Esta solución revela que el traductor de la Biblia *Peshitta* de 1 Reyes 19,12 reconoció que la presencia de Elías en el monte Horeb hace paralelo con la de Moisés (así también lo consideran muchos de los exegetas modernos). Así que cuando perplejo, el traductor se encontró con la frase "el susurro de una suave brisa" asoció este evento con la teofanía en el monte Horeb de la que nos habla Deuteronomio 4,12. Ambos versos hablan de fuego (en Deuteronomio 4,12 Dios está presente en el fuego), ambos ocurren en el monte Horeb y en ambos se menciona una voz. Esta brillante interpretación informa a la audiencia de la Biblia *Peshitta* que el susurro que llegó a Elías en el monte Horeb fue la misma voz que instruyó a Moisés y a los israelitas en Deuteronomio 4,12. Esta voz divina ahora le habla a Elías.

Elías después del susurro de una suave brisa

La intuición que tuvieron estos antiguos traductores sobre el significado y la importancia del "susurro de una suave brisa" se ve confirmada por los eventos que resultan de la historia. Elías había huido al Horeb dispuesto a desistir y morir. Los eventos extraordinarios que se suceden en el hogar de la viuda de Sarepta y en el monte Carmelo (1 Reyes 17–18) parece que han sido olvidados. Pero después del "susurro de una suave brisa", Elías sale de la cueva. "¿Qué haces aquí Elías?" (1 Reyes 19,13). Dios le repitió, y Elías vuelve a implorar su favor. Pero de repente, sin previo aviso, se le dan nuevas ordenes y un nuevo destino (1 Reyes 19,15): "Vuelve en tu camino en dirección al desierto de Damasco". Aun más sorprendente fue la inmediata respuesta de Elías, poniéndose en camino para ejecutar las órdenes del Señor, así como lo había hecho en 1 Reyes 17,5; 17,10; y 18,2. ¿Dónde quedó el fugitivo que había huido del peligro que representaba Jezabel? Aquel inexplicable susurro de una suave brisa, fuera lo que fuera, lo volvió a su labor de profeta.

Una frase provocativa

La posibilidad de que Elías haya tenido un encuentro místico con Dios en el monte

Horeb nos llena de curiosidad. Quisiéramos saber los detalles. Pero la forma razonable como lo confronta William James nos hace recordar que ese tipo de encuentros son de por si inefables (indescriptibles). El lenguaje humano es simplemente inadecuado para poder penetrar las profundidades de una experiencia religiosa. Quizás nos hubiera gustado que el narrador bíblico hubiera sido más detallista al reportar la experiencia de Elías con el susurro. Pero el haberlo hecho hubiera infringido en su inefabilidad. Por el contrario, irónicamente al haber utilizado el oxímoron "el susurro de una suave brisa" el autor bíblico ha provocado siglos de reflexión. Aunque los traductores de las Biblias más antiguas aclararon el significado para sus audiencias—Dios, sin duda, había estado presente en él—la frase "el susurro de una suave brisa" permanecerá como una frase enigmática para los lectores modernos de la Biblia. ¡Pero Elías sabía lo que quería decir! Habiendo escuchado aquel susurro, nuestro inconsolable héroe, volvió a ser el bravío profeta que conocíamos y que pronto estará en camino a un nuevo destino. El empeñoso Elías estaba a punto de conocer a su maestro.

Tomado de *The Bible Today* 41, 6 (2003): 354–358

Padre Craig E. Morrison, OCarm, es un sacerdote carmelita que enseña lenguas bíblicas en el Pontificio Instituto Bíblico en Roma.

#18.
Auto-examen: ejercicio geográfico del Módulo III

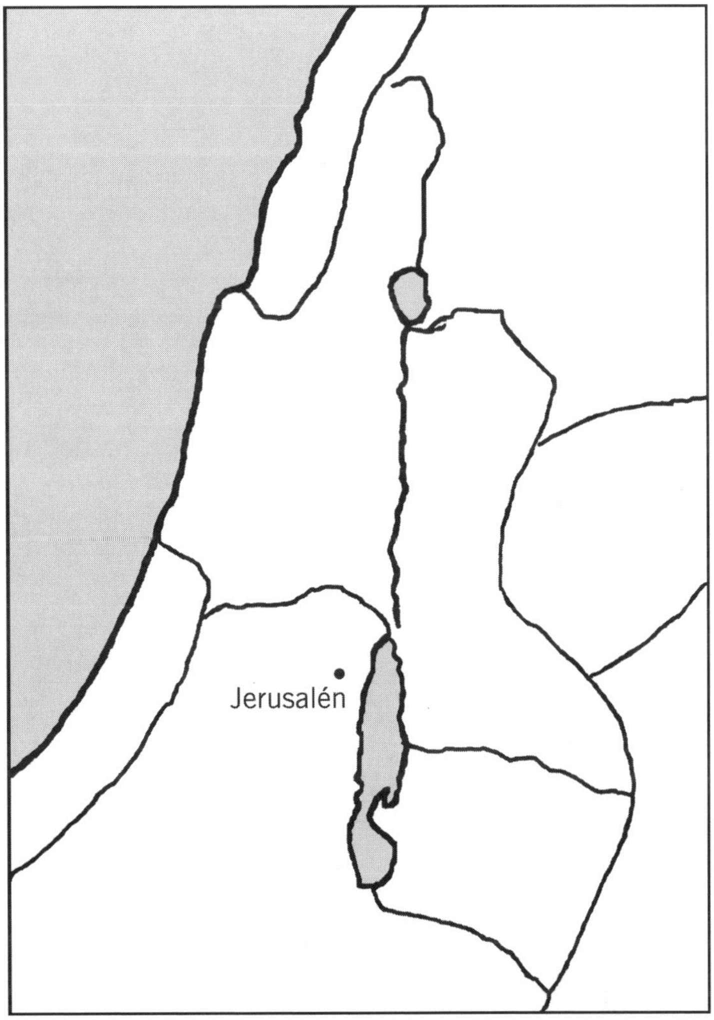

Localice los siguientes lugares en el mapa:

Berseba	Mar Muerto
Reino del norte	Reino del sur
Betel	Gaza
Samaría	Área de Transjordania
Belén	Hebrón
Lago de Galilea	Tiro
Dan	Río Jordán
Silo	Mar Mediterráneo